中国古代高僧

乔志霞 编著

中国商业出版社

图书在版编目（CIP）数据

中国古代高僧/乔志霞编著. -- 北京：中国商业出版社，2015.5（2023.4重印）
ISBN 978-7-5044-8512-0

Ⅰ. ①中… Ⅱ. ①乔… Ⅲ. ①僧侣-列传-中国-古代 Ⅳ. ①B949.92

中国版本图书馆 CIP 数据核字（2015）第 117092 号

责任编辑：常 松

中国商业出版社出版发行
010-63180647　www.c-cbook.com
（100053 北京广安门内报国寺 1 号）
新华书店经销
三河市吉祥印务有限公司印刷

*

710 毫米×1000 毫米　16 开　12.5 印张　200 千字
2015 年 5 月第 1 版　2023 年 4 月第 3 次印刷
定价：25.00 元

* * *

（如有印装质量问题可更换）

《中国传统民俗文化》编委会

主　编	傅璇琮	著名学者，国务院古籍整理出版规划小组原秘书长，清华大学古典文献研究中心主任，中华书局原总编辑
顾　问	蔡尚思	历史学家，中国思想史研究专家
	卢燕新	南开大学文学院教授
	于　娇	泰国辅仁大学教育学博士
	张骁飞	郑州师范学院文学院副教授
	鞠　岩	中国海洋大学新闻与传播学院副教授，中国传统文化研究中心副主任
	王永波	四川省社会科学院文学研究所研究员
	叶　舟	清华大学、北京大学特聘教授
	于春芳	北京第二外国语学院副教授
	杨玲玲	西班牙文化大学文化与教育学博士
编　委	陈鑫海	首都师范大学中文系博士
	李　敏	北京语言大学古汉语古代文学博士
	韩　霞	山东教育基金会理事，作家
	陈　娇	山东大学哲学系讲师
	吴军辉	河北大学历史系讲师
策划及副主编		王　俊

序 言

中国是举世闻名的文明古国,在漫长的历史发展过程中,勤劳智慧的中国人创造了丰富多彩、绚丽多姿的文化。这些经过锤炼和沉淀的古代传统文化,凝聚着华夏各族人民的性格、精神和智慧,是中华民族相互认同的标志和纽带,在人类文化的百花园中摇曳生姿,展现着自己独特的风采,对人类文化的多样性发展做出了巨大贡献。中国传统民俗文化内容广博,风格独特,深深地吸引着世界人民的眼光。

正因如此,我们必须按照中央的要求,加强文化建设。2006年5月,时任浙江省委书记的习近平同志就已提出:"文化通过传承为社会进步发挥基础作用,文化会促进或制约经济乃至整个社会的发展。"又说,"文化的力量最终可以转化为物质的力量,文化的软实力最终可以转化为经济的硬实力。"(《浙江文化研究工程成果文库总序》)2013年他去山东考察时,再次强调:中华民族伟大复兴,需要以中华文化发展繁荣为条件。

正因如此,我们应该对中华民族文化进行广阔、全面的检视。我们应该唤醒我们民族的集体记忆,复兴我们民族的伟大精神,发展和繁荣中华民族的优秀文化,为我们民族在强国之路上阔步前行创设先决条件。实现民族文化的复兴,必须传承中华文化的优秀传统。现代的中国人,特别是年轻人,对传统文化十分感兴趣,蕴含感情。但当下也有人对具体典籍、历史事实不甚了解。比如,中国是书法大国,谈起书法,有些人或许只知道些书法大家如王羲之、柳公权等的名字,知道《兰亭集序》

是千古书法珍品,仅此而已。

　　再如,我们都知道中国是闻名于世的瓷器大国,中国的瓷器令西方人叹为观止,中国也因此获得了"瓷器之国"(英语 china 的另一义即为瓷器)的美誉。然而关于瓷器的由来、形制的演变、纹饰的演化、烧制等瓷器文化的内涵,就知之甚少了。中国还是武术大国,然而国人的武术知识,或许更多来源于一部部精彩的武侠影视作品,对于真正的武术文化,我们也难以窥其堂奥。我国还是崇尚玉文化的国度,我们的祖先发现了这种"温润而有光泽的美石",并赋予了这种冰冷的自然物鲜活的生命力和文化性格,如"君子当温润如玉",女子应"冰清玉洁""守身如玉";"玉有五德",即"仁""义""智""勇""洁";等等。今天,熟悉这些玉文化内涵的国人也为数不多了。

　　也许正有鉴于此,有忧于此,近年来,已有不少有志之士开始了复兴中国传统文化的努力之路,读经热开始风靡海峡两岸,不少孩童以至成人开始重拾经典,在故纸旧书中品味古人的智慧,发现古文化历久弥新的魅力。电视讲坛里一拨又一拨对古文化的讲述,也吸引着数以万计的人,重新审视古文化的价值。现在放在读者面前的这套"中国传统民俗文化"丛书,也是这一努力的又一体现。我们现在确实应注重研究成果的学术价值和应用价值,充分发挥其认识世界、传承文化、创新理论、资政育人的重要作用。

　　中国的传统文化内容博大,体系庞杂,该如何下手,如何呈现?这套丛书处理得可谓系统性强,别具匠心。编者分别按物质文化、制度文化、精神文化等方面来分门别类地进行组织编写,例如,在物质文化的层面,就有纺织与印染、中国古代酒具、中国古代农具、中国古代青铜器、中国古代钱币、中国古代木雕、中国古代建筑、中国古代砖瓦、中国古代玉器、中国古代陶器、中国古代漆器、中国古代桥梁等;在精神文化的层面,就有中国古代书法、中国古代绘画、中国古代音乐、中国古代艺术、中国古代篆刻、中国古代家训、中国古代戏曲、中国古代版画等;在制度文化的层面,就有中国古代科举、中国古代官制、中国古代教育、中国古代军队、中国古代法律等。

此外,在历史的发展长河中,中国各行各业还涌现出一大批杰出人物,至今闪耀着夺目的光辉,以启迪后人,示范来者。对此,这套丛书也给予了应有的重视,中国古代名将、中国古代名相、中国古代名帝、中国古代文人、中国古代高僧等,就是这方面的体现。

生活在21世纪的我们,或许对古人的生活颇感兴趣,他们的吃穿住用如何,如何过节,如何安排婚丧嫁娶,如何交通出行,孩子如何玩耍等,这些饶有兴趣的内容,这套"中国传统民俗文化"丛书都有所涉猎。如中国古代婚姻、中国古代丧葬、中国古代节日、中国古代民俗、中国古代礼仪、中国古代饮食、中国古代交通、中国古代家具、中国古代玩具等,这些书籍介绍的都是人们颇感兴趣、平时却无从知晓的内容。

在经济生活的层面,这套丛书安排了中国古代农业、中国古代经济、中国古代贸易、中国古代水利、中国古代赋税等内容,足以勾勒出古代人经济生活的主要内容,让今人得以窥见自己祖先的经济生活情状。

在物质遗存方面,这套丛书则选择了中国古镇、中国古代楼阁、中国古代寺庙、中国古代陵墓、中国古塔、中国古代战场、中国古村落、中国古代宫殿、中国古代城墙等内容。相信读罢这些书,喜欢中国古代物质遗存的读者,已经能掌握这一领域的大多数知识了。

除了上述内容外,其实还有很多难以归类却饶有兴趣的内容,如中国古代乞丐这样的社会史内容,也许有助于我们深入了解这些古代社会底层民众的真实生活情状,走出武侠小说家加诸他们身上的虚幻的丐帮色彩,还原他们的本来面目,加深我们对历史真实性的了解。继承和发扬中华民族几千年创造的优秀文化和民族精神是我们责无旁贷的历史责任。

不难看出,单就内容所涵盖的范围广度来说,有物质遗产,有非物质遗产,还有国粹。这套丛书无疑当得起"中国传统文化的百科全书"的美誉。这套丛书还邀约大批相关的专家、教授参与并指导了稿件的编写工作。应当指出的是，这套丛书在写作过程中，既钩稽、爬梳大量古代文化文献典籍，又参照近人与今人的研究成果，将宏观把握与微观考察相结合。在论述、阐释中，既注意重点突出，又着重于论证层次清晰，从多角度、多层面对文化现象与发展加以考察。这套丛书的出版，有助于我们走进古人的世界，了解他们的生活，去回望我们来时的路。学史使人明智，历史的回眸，有助于我们汲取古人的智慧，借历史的明灯，照亮未来的路，为我们中华民族的伟大崛起添砖加瓦。

是为序。

2014年2月8日

前 言

从佛教的发展来说，佛教起源于印度，传播至中国，距今已有2000多年。在这2000多年中，佛教不仅成为具有中国特色的宗教，而且佛教文化与中华民族的古老文化融为一体，成为我国传统文化的重要组成部分。

从西汉到东汉末年200多年的时间里，是佛教在中国的初传时期。这个时期，佛教还没有为社会各阶层人所充分认识和了解。到了南北朝时期，佛教已经发展成为中国文化的有机组成部分。及至隋唐时期，已是名僧辈出，寺宇广建，道场遍布，学派众多，宗门林立，佛教呈现出了空前的繁荣，其兴旺发达的景象已经超过了佛教的诞生地印度及巴基斯坦、尼泊尔等国，一跃而为世界第一，佛教中心也自然地从印度及周边国家转移到中国。随着社会的变迁，在宋、元、明、清时期，佛教文化在诸多高僧大德的大力弘扬以及国家相关机构的重视与支持下，更加得以稳定地发展。并且，由于佛教的义理比儒、道两派显得更加玄奥，方法更加巧妙，能够比较圆通地解答人们对自然和人生中许多无法理解的问题，因而许多人都为其所吸引，以至于这种外来宗教深深地植入中国文化的血脉之中。无论是帝王将相，或是学者文人，还是庶民百姓，都不同程度地受到了佛教的影响。

佛教的中国化，是通过许许多多佛教徒和佛教学者的共同努力来实现的。中国佛教发展的历史离不开一个个具体人物的弘扬佛法和思想创造活动，正是这些佛教徒和佛教学者的活动与思想构成了一部中国的佛教史。而僧人，就是这批优秀人物的代表，他们以坚韧不拔的毅力、深邃的学识、高洁的品格垂范后世，为佛教的发展和佛教文化的形成做出了辉煌的贡献。

可以说，佛教造就了许多高僧，高僧则推动了佛教在古代中国的迅速发展。佛教作为一种博大精深的文化，正是在历代高僧呕心沥血、勤修苦索中得以弘扬光大的。在传播佛教文化的同时，历代高僧在思想领域上启迪了人们的心灵，唤醒人们的良知。

当然，佛教作为一种宗教文化，其中既有某些合理的因素，同时也包含着一些消极的方面，比如佛教所宣传的消极遁世、因果报应以及神仙鬼怪等迷信内容。对于这些消极内容及唯心主义哲学理论，我们是要加以批判的。

为了帮助广大读者了解中国古代高僧大德的事迹，了解中国佛教的历史文化，我们精心地编撰了此书。本书在对中国古代佛教发展进行简单的综述之后，分别对历史上最为著名的高僧一一加以介绍。本书内容不仅生动有趣，还可以使我们更全面、更深入地了解佛教的历史，开悟心灵，获得些许启悟。

目录

第一章　佛教与中国的渊源

第一节　佛教在中国的传入与发展 … 2
佛教的传入 … 2
佛教的初步发展 … 4
佛教的繁荣 … 6
佛教的中国化 … 9

第二节　中国佛教的几大流派 … 14
隋唐时的四个宗派 … 14
禅宗 … 15
密宗 … 16
藏传佛教 … 17

第二章　佛教供奉的对象

第一节　罗汉 … 22
阿罗汉果位 … 22
四大罗汉与十六罗汉 … 23
十八罗汉 … 25
五百罗汉与济公 … 26

第二节　菩萨 … 28
菩萨行四十二贤圣阶位 … 28

自立道场的文殊与普贤 29
　　　胁侍菩萨 31
　　　八大菩萨和十二圆觉菩萨 32
　　　地藏菩萨 33

第三节　观世音菩萨

　　　观世音菩萨和普陀山 35
　　　六观音与七观音 36
　　　圆通殿里的"三十二应"和"三十三身" 38
　　　三十三观音 40
　　　海岛观音 42

第四节　护法天神

　　　汉化的诸天 44
　　　天龙八部 50
　　　大明王 52

第三章　僧人的生活

第一节　僧人的制度

　　　僧人的经济来源 56
　　　僧人的衣 59
　　　僧人的饮食 62
　　　僧人的行 70

第二节　日常佛事活动

　　　六时礼佛和四时坐禅 72
　　　布萨说戒 73
　　　安居自恣 74
　　　早晚功课 77
　　　佛教节日 79
　　　忏仪与法会 81
　　　慈善事业 86

第三节　僧人的生、老、病、死、葬生 ········· 90
　　老、病 ········· 92
　　死 ········· 94
　　葬 ········· 97

第四章　魏晋隋唐时期的高僧

第一节　魏晋南北朝高僧 ········· 100
　　高僧导师佛图澄 ········· 100
　　一代神器：释道安 ········· 105
　　净土始祖：慧远 ········· 110
　　涅槃圣者：竺道生 ········· 113
　　求法先驱：法显 ········· 116
　　禅宗始祖：达摩 ········· 119
　　禅宗二祖：慧可 ········· 122

第二节　隋唐高僧 ········· 125
　　智者大师：智顗 ········· 125
　　三藏法师：玄奘 ········· 130
　　禅宗六祖：慧能 ········· 136
　　大慧禅师：一行 ········· 138
　　天平之甍：鉴真 ········· 140

第五章　宋元明清时期的高僧

第一节　宋元高僧 ········· 144
　　义学名僧：智圆 ········· 144
　　大宅法王：八思巴 ········· 146
　　人间活佛：道济 ········· 148

第二节　明清高僧 ········· 151
　　国师之师：宗喀巴 ········· 151

降虎大师：智檀 ………………………………………… 153
八指头陀：敬安 ………………………………………… 156
晚晴老人：弘一 ………………………………………… 158
禅宗泰斗：虚云 ………………………………………… 162

第六章　名僧传奇故事

第一节　禅机妙语 …………………………………… 166
入定 ……………………………………………………… 166
万物固定 ………………………………………………… 166
巧对 ……………………………………………………… 167
一击忘所知 ……………………………………………… 168

第二节　修行济世 …………………………………… 170
钱塘老僧 ………………………………………………… 170
献花寺僧 ………………………………………………… 171
赶虎 ……………………………………………………… 172
破扇济贫 ………………………………………………… 172
断臂建桥 ………………………………………………… 174

第三节　奇闻轶事 …………………………………… 175
舍利之光 ………………………………………………… 175
神奇的记忆 ……………………………………………… 177
鸟兽不可与同群 ………………………………………… 178
古井运木 ………………………………………………… 179
变虎 ……………………………………………………… 181

参考书目 …………………………………………………… 184

第一章

佛教与中国的渊源

公元前6世纪前后,佛教在古印度迦毗罗卫国诞生。佛教文化在此经过二三百年的发展,一直延续到阿育王时代,佛教才开始对外传播,并且逐渐发展变成世界性的宗教。

到了东汉明帝时期,佛教被正式传到中国。在经历了各朝各代将近2000多年的不断发展后,原本为外来宗教的佛教,已经慢慢和中国文化互相渗透融合,经文汉译、流派林立,这些全部是佛教已经中国化的最好佐证。

第一节
佛教在中国的传入与发展

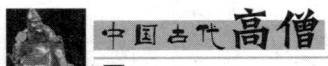

佛教的传入

佛教到底是什么时候传入中国的？2000多年以来，佛教信徒中一直口语相传着一位汉代皇帝"感梦求法"的传说故事。

在公元64年，中国历史上恰逢汉代执掌天下，此时的皇帝名叫刘庄，历史上称为汉明帝。这年春天的一个深夜，刘庄在睡梦中，恍惚中竟然梦到一个高大的金人飘然而至，见他也不言语，只是独自在殿庭里不断飞绕着。次日刘庄便请大臣们帮忙解梦。结果，有位朝臣说："我听闻西方世界有位神仙，名为佛陀，形象和陛下梦中所看到的高大金人非常相似。"这位朝臣绘声绘色的描述，终于说服了汉明帝。刘庄随后派去使臣，向西一直前行，就这样踏上了去往印度寻找佛陀的历史第一步，史称"永平求法"。

一场最后改变中国文化，及至世界历史的文明对话，便这样拉开了帷幕。

三年过后，就在公元67年的冬季，12月30日这天，西行求法的使者终于返回洛阳。他们此行不仅带回了佛陀的画像以及佛陀讲法的经典，并且带回来两位印度高僧：迦叶摩腾、竺法兰。这次看似极为偶然的交集，却使中原大地自此拥有了佛教的沙门，也从此拥有了第一座寺院、第一部佛经，就像一粒神奇的种子播撒在中国这块富饶的土地上。

在公元68年的一大清早，就在洛阳城的西雍门外，开始大兴土木。印度来的两位高僧更是获得了皇帝非常高的礼遇，中国皇帝下令为他们修建一个

第一章 佛教与中国的渊源

白马寺

专门生活修行的场所。自此，在洛河之滨，中原大地上首座佛教寺院——白马寺，便由此诞生了。

据传说，陪同汉使归国的还有一匹白马。就是这匹辛勤的白马，途经万里征途，将佛教的经典驮到了中原大地上，担任了中印文化交流的崇高使命。

在这之后的岁月中，迦叶摩腾与竺法兰这两位印度高僧，安静地居住在白马寺里翻译佛经。使人遗憾的是，他们所翻译的佛经，仅有《四十二章经》有幸流传了下来。

事实上，根据有关学者们研究，佛法进入中国的时间，必然要早于公元67年，因为在公元65年，汉代的楚王刘英在如今的中国徐州，已经拥有了信仰佛教的行为。

而远在公元前119年，印度佛教就已经沿着连接中国和中亚、西亚乃至欧洲的丝绸之路传入了今天中国的新疆地区。

根据史料记载，在公元前2年，汉哀帝元寿元年，大月氏国曾经派遣一位使臣，名叫伊存，就是他作为使者前来长安，给中国的佛学者口授佛经，这便是当前学术界常常说起的"伊存授经说"，而大月氏国据考证就在今天的阿富汗一带。

经过学者们严格的考证，自南亚大陆的印度起始，佛教传入中国大致划分为四条主要线路：第一条，便是自古印度西北部，进入如今的阿富汗地区，接着穿越帕米尔高原，之后进入中国的新疆地区，最后才会传入中原；第二条，便是海上的传播道路，自印度洋开始，穿过马六甲海峡，接着进入中国的南海，最后传入中国的广东、福建等沿海地区；第三条，自北印度开始，穿越喜马拉雅山脉，最后到达青藏高原；第四条，便是自印度开始，途经现在的缅甸、泰国，最后传入中国云南的傣族地区。

这些线路的延伸以及传递均发生在不同的时代，途经不同的气候与环境，面临着不同民族的习俗以及生活方式，因而自然也形成了不同的佛教流派。

佛教的初步发展

魏晋时期，可以说是中国思想史上一个较为辉煌的时期，此时正是玄学兴盛，大乘佛教般若学同时开始传入汉地。般若学把论空性作为宗旨，主张空不离有，有不离空，空有双遣的思想。玄学讲究的是有无、自然等思想，所以和谈空有的般若学具有一定的共通性。

不过，在这一时期系统的般若学著作还没有全部翻译出来，当时的人们对般若学的理解，一种方法是根据中国的传统经典牵强附会，这种方法称为"格义"；另一种方法是把多种译本放到一起进行比较研究，称为"会本"。东晋释道安法师便是较早使用这两种方法来理解佛教义理的。在佛门内部，由于理解般若空义的不同，也相应地出现了六家七宗不同的派别。一直延续到了后秦鸠摩罗什来华系统地翻译出了般若类经典，人们对佛教的空性思想才算有了真正的、全面的理解，罗什的弟子僧肇更是严谨地评点了六家七宗，最终确立了统一的佛教空观正见，把中国佛教引申到了一个新的阶段。

南北朝时期的佛教形势是：南方偏重义理，北方偏重实践。佛性思想是南朝佛教的又一大收获。因为它关系到佛教徒是否成佛的信仰与因果报应的问题，所以在当时显得尤为重要。在东晋时期，著名的慧远法师曾经提出"形尽神不灭"的主张，他以为神识尽管无形无迹，不过却能感应到它的存在，因为可以证明它属于轮回报应的主体。南朝宋初之后，开始形成了形神问题的有关讨论，到了梁朝时期，这一争论更是达到了最顶峰，时隔不久，随着《涅槃经》在中国的传入，佛性思想说一时间在中国佛教界众说纷纭，简直与魏晋时代般若学的繁盛有并驾齐驱之势。著名的道生法师曾经明确提出"一切众生皆有佛性"，即是说，一切众生都能够成佛。这个佛性说，一方面是延续两汉以来的灵魂不灭学说，另一方面又将儒家的人性论有机结合起来，同时还为之后隋唐时期出现的心性论打下了夯实的基础。

北朝时期，佛教更加偏重于实践的结果——禅修因而成为一个最主要的内容。用少林寺菩提达摩一系禅学（禅观）的发达对后世造成的深远影响来说，后来更是变成影响最大的宗派之一——禅宗。而南朝时期，著名的慧思法师一系的禅学（教观）通过般若经典的苦学研修后，自创了止观禅修的理论与法门，对后来出现的天台宗等有着较为深远的影响。

南北朝时期，译经已经非常繁荣与发达，有许多重要的印度佛教经典都被陆续翻译出来，像是《十地经论》《华严经》《楞伽经》《摄大乘论》《妙法莲华经》《大乘起信论》等，这些经典受到了人们的普遍重视，这些对促进佛教义学的迅速发展起到了不可磨灭的作用。在这一时期，佛教界内部还产生许多专门研究某一经典的学说，还有把印度佛教的一派经典作为主要研究对象的师派学说，在这其中最重要的有成实论师、南北地论师、涅槃学派等，这些学派的发展，同样对中国佛教的发展起到很大的推动作用，为后来佛教理论的繁荣昌盛打下了夯实的基础。而在民间下层，观音、弥勒还有净土信仰也风靡各地。

在两晋南北朝时，外来的佛教尽管已经摆脱了依附于黄老的情况，正慢慢独立出来和儒道二教三足鼎立。然而佛教还是无法完全适应中国社会，它和中国传统思想依然处于不断磨合的阶段，有时甚至和儒道二教处于完全对立冲突的局面。儒道二教为了维持自己正统的地位，经常有意无意地出言攻击佛教。南朝时期，发生的有关夷夏的争论主要便是通过思想论争论形式表

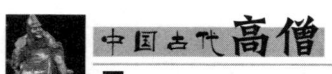

现出来的（儒道曾严厉批评佛是夷戎的教法，僧人出家，是不亲不孝的行为）和中国传统不符合。北朝时期，则一度通过武力消灭佛教，也曾试图运用行政的手段来消灭佛教。

总而言之，两汉魏晋南北朝时期，是中国佛教自传入到走向昌盛的初步阶段，因为佛教义理获得了大多数人们的重视和研习，这也为即将到来的中国佛教鼎盛期——隋唐佛教起到了重要作用。

佛教的繁荣

隋唐时期，这是中国封建社会走向鼎盛的时代，佛教也在这样的大背景下，步入了一个全新的时期。尤其是在唐代，由于中国佛教的繁盛，一度成为社会宗教文化的主流思想之一，佛教自此不但彻底摆脱了受儒道二教的影

古色古香的寺庙

第一章 佛教与中国的渊源

响，而且还对当时艺术、哲学、建筑等各个领域造成了深远的影响，极大地促进了中外宗教文化的交融交流，大唐佛教文化开始正大光明地走出国门，流传至东亚的朝鲜和日本以及东南亚的越南等属于汉字文化圈的国家，并为后来宋代时期佛教的世俗化奠定了深厚的基础。

从隋朝开始，中国佛教已经真正走向自立，这不仅体现在创宗立派的方面，更重要的是在教义理论上具有了鲜明的特点，依据宗派的理论需要，创建了判教理论。"判教"，也就是指针对佛教的各种经典、教理利用一定的思想逻辑当作线索进行梳理、整合，以此来彰显本宗和他宗的区别。

著名的智顗大师曾经建立了中国佛教史上的第一个宗派——天台宗，该宗把印度龙树当作初祖，把《法华经》当作理论依据，将智顗所著的《法华文句》《法华玄义》《摩诃止观》当作基本教典，所以又名法华宗。天台宗有机融合了南北朝时期中国佛教南方偏重义理，北方偏重实践的佛学特点，发表教观并用的主张，强调不但要重视学习理论，而且要重视坐禅修行。在认识世界方面，用"一念三千"以及圆融统一的视角来看待世界万物，认为尽管世界大多数事物都是显现不实，不过从中道来认识这种空假，便可以体现了空假中为一，所以称为"三谛圆融"。在修行方面，天台宗要求"一心三

金身佛陀塑像

观"，也就是指观空、观假、观中，只有贯彻实施了这种观法，才可以除掉"无明"，得到涅槃解脱。它还对佛教宣布了"判教"，以为法华涅槃时，称为教义圆满的圆教。

天台宗的出现，代表着中国佛教思想日益成熟。因为遭受到般若学的影响，把吉藏法师当作代表的研究三论的三论宗同样盛极一时。"三论"的意思是指《百论》《中论》《十二门论》三部论。该宗在义理的细微分别方面十分重视。强调运用世俗谛和真谛这二谛来认识世界皆幻的真实道理，突出"八不中道"的深邃道理。

隋朝的历史尽管短暂，然而对中国佛教而言，这一时期还是有着非常重要的意义。首先，隋代的几位皇帝对佛教可谓尊敬有加，隋文帝更是自小就由比丘尼抚养成人，礼佛虔诚，所以在他们特意的护持下，佛教有了一个较为安定的外部环境。其次，经过了长达数百年的两汉魏晋南北朝佛经翻译活动以及佛教义学的研习争论，中国佛教僧人已经对佛教的理论有了更为深入的认识，加之地域性的佛教禅修特点也已经形成，这些条件全部促使了佛教的繁荣成为必然。

大唐盛世期间，社会极为开放，经济繁荣，人们思想活跃，佛教在这样的大背景下进入了最高的发展阶段。除去统治阶级极度尊崇佛教外，在民间，佛教也影响甚广，每遇佛教节日，街头人群攒动，听经者数不胜数。除此以外，有很多士大夫同样对佛教表现出浓厚的兴趣，把和僧人结交作为时尚。在僧人中也有许多学问高深的人，他们有的为了获得更多的佛教理论，宁愿冒着生命危险，不辞万里前往西方印度取经留学，回国之后再一直从事佛经的翻译工作，而由中国僧人亲自结合民族文化撰写的佛教著作则更多，这样一来，便使佛教的理论更加充盈，也进一步促进了佛教的繁荣。

在唐代时期，还存在两个有特色的宗派：律宗与密宗。前者由于重视戒律的传讲而得名。其创始人道宣律师晚年在终南山潜心著作，所以律宗又称为"南山律宗"。律宗把《四分律》当作根本经典，在教义上把佛教划分为"化教"以及"制教"两种。"化教"是三学之中的定慧二学，"制教"为戒学。

密宗是受到印度晚期佛教"密教"影响后而自行创建的一个宗派，印度

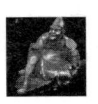

僧人金刚智、善无畏、不空在唐朝都城长安创立，主要在上层社会中被广泛流传。密宗所根据的经典是《大日经》与《金刚顶经》，前者来源于胎藏部，之前"五大"（地、水、火、风、空）是"色法"；后者来源于金刚部，认为是"心法"。色法与心法二者统摄宇宙，色心不二，金胎为一。佛和众生都具有色心，也都具有佛性。众生修行以手结印契之身密，口诵真言之语密，心观大日如来之意密，三密相互融合，便可成佛。

从上述讲述可以看出，隋唐时代的佛教无论在理论上还是在实践上都是非常丰富的，它的发展道路和印度佛教教义的发展方向是保持一致的。其所强调的佛教学说，也都是在印度佛教理论基础上再发扬罢了。隋唐佛教繁盛的标志，是每个宗派都有属于自己的一套较为完整的学说与修行的实践法门，这些成就，也相应地促进了各派之间相互取长补短，同时也进行优胜劣汰。经过层层检验，一些宗派因为不适应社会情况很快便销声匿迹了。

佛教的中国化

中国的佛教自中唐之后，跟儒学以及道学进一步相互融合，进入宋代以后，逐渐发展形成了三教合一的趋势。教界人士认为儒学、道学以及佛学三家之间是可以相通的。指出三教都是把无我之体、利生之用作为基本特点，不过在用处上则又有明显不同。儒家教人经世治国，要人当尧舜，教化止中国；道教思复太古，把轩黄作为祖先；佛教则恩被世界万物，至广至大，不分尊卑老幼。然而后人不明白此三教的同处，总是执于一教，要是能破除我执，自然能够成为一家。强调"是知三教圣人，所同者心，所异者迹也"。世人如果到了心迹两忘的境界时，便可以达到"万派朝宗，百川一味"了。因此"不知《春秋》不能涉世，不知老庄不能忘世，不参禅不能出世"，只有明白了这点，才可以谈学问。

用佛教的观点看，三教合一思想的理论基础事实上是心性论，由于佛教主张万法唯心，心明性见，反求诸身；儒教主张内圣外王，内圣便是转化心性的才能；道教主张"性命双修"，所谓性即心性。所以从本体的层面而言，三教之间的主旨意趣是相近的。"儒教教之以穷理尽性，释教教之以明心见性，道教教之以修真炼性。唯此一事实，余二则非真。是各人胸中处有三教浑然，切不可向外骑牛觅牛去也。"三教之间，都是把一心当作基础，"要在一心"，而一心又把参禅当作重中之重，所以有了一心之门，天地万物都和我一样，所以一心是三教的精义所在呀！佛教是三乘止观与人天止观，儒教是人乘止观，道教是天乘止观，"然虽三教止观，深浅不同，要其所治之病，俱全先破我执为第一步功夫"。三教之间存在这样的关系："儒，吾履也；道，吾冠也；释，吾衣也。"儒者的天命，就是指凡圣共有之妙性，众人和圣贤都是与此有一样的天性。"若能依道修习，忘情合性，则众人亦可以至于圣贤也。"所以"四书五经中，无一句一字，不是佛法中第一义谛也"。

　　三教之间最明显的相同之处还在于伦理道德功能的充分发挥。因为儒释道三教都讲究为善去恶，讲究积德行善，所以认为佛教的道德有助于王朝的建立，有助于社会德行的建立，著名的契嵩和尚就曾经"以五戒十善，通儒之五常"，将佛教的五戒跟儒家的五常相比附，主张佛教讲孝，收拾人心，尽管人们常常把佛教当作是出世的学说，儒道二家是入世的学说，就是在中国文化的背景下，三教一家，同佐世间法和出世间法。不过从五乘次序观来看，孔子是人乘的圣人，老子是天乘的圣人，佛教是超凡的圣人，所以世人所要求的圣人，最后一定归于佛教，要是不入佛，就无法安于佛法。

　　佛教的学理不仅遭到了佛教界人士的重视，同时也被儒道两家人士大量引用与研究。不过一些佛教僧人在谈论三教合一的思想时，大多数人除了承认三教合一的趋势之外，又对三教作出区分，有意识地把佛教跟儒道两教分别开来，把佛教凸显出来。认为儒教只是人乘，道教只是天乘，都没有打破生死的窠臼，只有佛教才真正破解了生死，才是最高的大圆满法。

观音是佛教中国化的产物

所以老庄的学说，只好依靠佛教来进一步证明，其学说以及最高境界，都受到佛家的唯心识观的直接影响。因而"今约三圣立教本意，直谓可同；以无非为实施权故也，约三教施设门庭，直谓异可也。以儒老但说权理，又局人天，佛说权说实皆出世故也，约权，则功夫同而到家异，谓亦同亦异可也"。

从学说的特点来说，佛教属于内学，儒家与道教属于外学，内学是解决生命的学问，外学尽管也谈性命没有到达唯心，谈因果报应，没有达到三世，所以域内中土的学问是外教，主要治身；域外佛教的学问是内教，主要治心，由此看见，内教高于外教，这种立场伴随时间的流逝逐渐明显，以至于到了清代时，雍正皇帝亲自下发断语："以佛治心，以道治身，以儒治世。"与此类似的说法还有无尽居士《护法论》曰："儒疗皮肤，道疗血脉，佛疗骨髓。"

自从宋代以来的一些儒者，一方面兀自指责佛教，一方面又汲取佛教的内容来充实自己的理论；同时佛教也运用理论来驳斥儒者对佛教的恶意攻击。像是在古代，一直有人误解佛教不讲孝义，因为出家人无法侍奉父母，必须断绝六亲；而且剃发毁肤，违反了儒家所言"身体发肤，受之父母，不敢毁伤"的传统训诫。佛教对此解释说，佛教同样是讲孝的，不过佛家教的孝义，是以戒当作名号，而且佛教的"出世间孝"中还能够划分为三个层次，供亲做善事，不过是小孝；出家修道，超脱生死，称为中孝；使众生得以解脱，才是最大的孝，因此佛教的孝道才是无上大道。

在这一时期，佛教还表现在佛教界内部的交融思潮，具体来说便是禅净合流，宗教合一。"融通宗教"在佛教界内部十分流行。宋代张商英曾经听圆悟克勤讲华严教义以及禅宗机语后说："夫圆悟融通宗教若此，故使达者心悦而诚服，非宗说俱通，安能尔耶。"克勤也曾经说："老汉生平，久历从席，遍通知识，好穷究诸宗派，虽不十分洞贯，然十得八九。"可见融通宗说达到何种境地。正确的理解应当是有宗有教，诸教中自有宗旨。要是不知宗旨，仅仅拘泥于文字，则并不是真正地掌握佛法。教虽然有数种区别，不过宗旨却一，教最大的特点是博通文义，宗的特点则是直下真参，"博通非一日之功，真参无顷刻之间。非一日之功，寻其流也。无顷刻之间，得其源也。"寻流得源不能全部依赖于教，人的因素才是最重要的。因而宗和教既一而二，也二而一，真参虽然是第一义，不过教中也有具体记载，不可偏废，而且得教之后，才可以得到纲领。禅和净土的关系也是一样的，"禅净无二，而机自二"。止观法门摄收包含三藏在内的全部佛教，而全部佛教中又可以浓缩为止观二字，"若人精修止观，可谓寻流而得其源也"。

　　元代有一个高僧——明本大师在提倡"看话禅"的同时，还大力倡导"四宗一旨"。"四宗"便是指密宗、禅宗、律宗以及包括天台、华严和唯识三宗的教门。"一旨"便是指这四宗都是"一佛之旨"，弘扬的全部是"佛心"。他说："密宗乃宣一佛大悲拔济之心也，教宗乃阐一佛大智开示之心也，律宗乃持一佛大行庄严之心也，禅宗乃传一佛大觉圆满之心也。"既然四宗全部来源于一佛之心，因而它们都是平等的，不应当有优劣高下之分。他还运用一年四季比喻四宗缺一不可，说："夫四宗共传一佛之旨，不可缺也。然佛以一音演说法。教中谓惟一佛乘，无二无三，安容有四宗之别耶？谓各擅专门之别，非别一佛乘也。譬如四序成一岁之功，而春夏秋冬之令不容不别也。其所不能别者，一岁之功也。密宗春也，天台、贤首、慈恩等宗夏也，南山律宗秋也，少林单传之宗冬也。"对以前那些不重经教重修行的思想，佛教界人士同样作了修正，认为"禅者佛心，教者佛语，律者佛行……不于心外别觅禅教律，又岂于禅教律外别觅自心，如此则终日参禅，看教，学律，皆与大事，正心正法眼藏相应于一念间。"就是说以三学摄归一念。到了明末蕅益大师则更以念佛总摄如来一代时教。何谓合三归一？事实上是指合禅教律归于净土一门。他的这种思想实际就包括了禅教一致，禅净一致的深层含义。

　　总而言之，佛教界在宋元明清之后，在思想上表现为：对外而言，一方面顺应时代潮流，坚持走三教合一的主流路线，另一方面也在注意自己的地位，坚持佛教本位以及主体性，对内而言，则全面走向融合诸宗的道路。

知识链接

白马寺

在中国佛教的发展历史上，东汉明帝梦到神人而派遣大臣远赴西域求法是一个非常具有标志性的事件，与此相关的寺庙则是洛阳白马寺。白马寺原址是鸿胪寺，本来是为接待外国使者修建的官署。自从印度僧人迦叶摩腾与竺法兰在东汉永平十年（公元67年），用白马驮着佛像、佛经、佛舍利跟随汉使来到京师洛阳后，这里便改名为白马寺，历史上也将之称为"白马驮经"。白马寺是佛教传入中国后修建的首座寺庙，一直以来被尊为中国佛教的祖庭。白马寺，如今坐落在洛阳城东十多公里处，北靠邙山，南临洛水；夕阳西下，晚霞下的白马寺，红墙碧瓦，苍松翠柏，更显气象庄严。在历史上，白马寺数次被毁数次翻新重建，然而寺址从没有变过。如今的白马寺占地有四万平方米，修建有百余间殿堂。白马寺的建筑格局是汉地佛寺经常见到的南北中轴式，主要建筑有大佛殿、天王殿、接引殿、毗卢阁、大雄殿、齐云塔等从南至北建筑在中轴线上。

第二节
中国佛教的几大流派

隋唐时的四个宗派

在公元六七世纪，中国历史上一个辉煌朝代开启了。这是属于佛教的黄金时代，汉传佛教也开始立宗成派，与中国文化进行深度交融，同时改变着中国文化艺术的面貌。

天台宗是中国汉传佛教最早创建的宗派，由于创始人智𫖮长期居住浙江天台山从而得名。这位大师一度被尊称是"东土释迦"，据传说，他7岁时便能背诵《法华经》"普门品"。他用毕生的精力，将佛法中国化，主张"教观总持，解行并进，止观双修"。他的这部辉煌巨制，二十卷《摩诃止观》，成为中国佛教史上最重要的经典著作之一。

如今位于浙江天台山的国清寺，是在智𫖮圆寂后的第二年，即公元598年建成，成为天台宗极为重要的祖庭。其影响远达日本、韩国，至今依然繁盛。

三论宗的宗师为鸠摩罗什，三论宗把龙树《中论》《十二门论》与提婆《百论》当作主要的研修经典。这个宗派的集大成者为隋代高僧吉藏，吉藏俗姓安，他是西域安息国人的后裔。如今位于南京的栖霞寺，是三论宗的祖庭。

华严宗事实上的创始人是法藏，法藏在公元643年出生于长安，即现在的西安。华严宗把《华严经》当作根本典籍，主要发扬"法界缘起"的思想。

唯识宗，主要发挥"三界唯心""万法唯识"的思想。这个宗派，在我们熟知的祖师玄奘之后并没得到太久的传承，不过，该宗的经典，却是数百年来高僧大德必修的科目。

释迦牟尼佛在圆寂前，曾经教导弟子们要"以戒为师"。唐代的道宣律师创建了律宗，代表的是"佛行"，重视研习、传持戒律。唐代著名的鉴真和尚，将律宗传入日本，如今成为中日文化交流的象征。及至近代，弘一法师李叔同修持律宗，非常著名。

称名念佛、往生阿弥陀佛的西方净土，已经是现在所有汉传佛教徒非常熟悉的方法。这个宗派把《阿弥陀经》当作根本，认为只要常念诵阿弥陀佛的名号，便有希望往生西方极乐世界，这是一个最难使人信服却是最简便易行的修行方法。公元4世纪的庐山慧远，被认为是这个宗派的宗师。数百年之后，"念佛"便已风靡中国。唐代大诗人白居易，晚年曾写过一首诗说：行也阿弥陀，坐也阿弥陀。宋代之后，称名念佛，更是广泛流传。往生极乐人数众多。到了近代，印光法师修持净土宗，很受世人推崇。

禅宗

在很多的佛教宗派里，禅宗肯定最引人注目，也是最富含中国特色的一个。

这个宗派，淡化佛经对于解脱的意义，不但反对枯燥的诵经，而且反对盲目的坐禅，主张"不立文字，教外别传"，可谓是佛教思想史上的一场大革命。

《大梵天王问佛决疑经》中说，大梵天王在灵鹫山上，请佛说法，并将一朵金色的婆罗花献给佛。佛陀应承了他的请求，高升法座，手里持着婆罗花却不说话。在座的弟子全部茫然不解，只有摩诃迦叶不禁一笑。佛祖遂当众宣布："我有正法眼藏，涅槃妙心，实相无相，微妙法门，不立文字，教外别传，付嘱摩诃迦叶。"这便是禅宗说的"拈花微笑"的故事，因而中国的禅宗世系把摩诃迦叶列为"禅宗西天初祖"。

有传说言，禅宗的心法，是由来自西天的菩提达摩横渡印度洋和南海，才带到了中国。这位"东土禅宗初祖"，在中国最初的传教并不顺利，他一度在少林寺外的五乳峰面壁枯坐了九年。禅宗的大放异彩，一直延续到六祖慧能，这是位传说中不识一字的广东人。

　　小时候的慧能，家境贫穷孤苦，依靠卖柴为生。一天，慧能背着一天砍下的柴禾拿到集市上卖。当他途经县城里的金台寺时，被里面的诵经声深深吸引了。"应无所住而生其心"，刚听到这句《金刚经》的经文，慧能的心中蓦地产生了一种特别的领悟。

　　经过了一段可谓传奇的经历，五祖弘忍将自己的衣钵传给了他。慧能的后半生，大多生活在曹溪宝林寺，就是如

六祖慧能铜像

今的南华寺。直到今日，他的肉身仍然被供奉在这里。他的法语，后人经过搜集整理，编辑为《坛经》，成为禅宗极为重要的经典。

　　禅宗的大力流行，极大地促成了独具特色的"丛林清规"。在公元8世纪，"马祖创丛林、百丈立清规"，根据印度戒律的精神，大胆革新，农、禅结合，一日不做，一日不食，形成了一整套适应中国农业社会的寺院管理体制。

　　隋唐形成的汉传佛教有八个宗派，后人将之概括为"禅、教、律、净、密"。天台、三论、华严、唯识四个宗派，全部称为"教"，即"佛语"。明代高僧云栖袾弘，要将"禅、净、教、戒"融为一体，他的思想同时奠定了明清以来中国佛教的大体格局。

密宗

　　在公元8世纪上半叶，也就是唐玄宗开元年间，有三位印度高僧——善无畏、金刚智、不空，时人称之为"开元三大士"，相继到了长安，翻译和传播印度密教的根本经典，创立了汉地独具一格的密宗，被称作"唐密"。不过

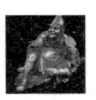

此派不久便在唐武宗灭佛后影响逐渐低靡。

闻名于世的法门寺地宫，便是按照唐密仪轨布置的坛场，也就是指"曼荼罗"，供奉着佛指舍利。跨过千年的时空，今天望去，仍然可以感受到唐密当年的兴盛。

在所有佛教宗派里，密宗有些不一样。其他的宗派被称作"显宗"，而这个宗派属于师徒密传，有无法公开的秘密传授。该宗派在唐代是由空海和尚传入日本，成为"东密"或"真言宗"，至今法脉斐然。西安的大兴善寺、青龙寺便为"唐密"的重要传承之地。

在公元7世纪后半叶，印度大乘佛教结合印度教的实际修行，发展出一种以自身成佛为目的的印度密宗。汉地的"唐密"，尽管在历史上已经淡出了人们的视野，但是，印度佛教密宗传入藏地之后，很快便引起了藏民们的一致崇信，形成至今依然很繁盛的"藏密"。

在公元8世纪后，伴随莲花生大师到西藏弘法，密宗在西藏获得了广泛流传。

莲花生大师，藏族人尊称他为"咕噜仁波切"，即指最尊贵的上师。莲花生大师出生于印度西方的邬丈那国。传说有一天有位大臣看到湖中长出了很多美丽的莲花，莲花上竟然还有一个奇特殊胜的孩子，便告诉了国王。国王一见这孩子就特别喜欢，收为太子。因其在莲花里出生，因而取名"莲花生"。

到了公元755年，信奉佛教的赤松德赞为了在西藏弘法，派遣专使去迎请莲花生大师入藏，莲花生在雅鲁藏布江边缘和赤松德赞会面。传说，莲花生大师作礼时候，手中竟然喷出火焰，众人看到立刻向莲花生大师行了跪拜大礼。莲花生大师用其高超的神通摄服藏人，并且创建佛教寺庙，传授佛法，使佛教在西藏自此生根发芽。就这样，莲花生大师便成为"藏密"的创始人，被藏族人称作"第二佛陀"。

藏传佛教

和汉传佛教一样，藏传佛教同样有不同的四大宗派，莲花生大师所传教法，后人称之为"宁玛派"，指的是"古老"。该派和西藏传统的苯教有所融

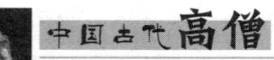

合。17世纪时，五世达赖喇嘛大力扶持该派的发展，在青海、四川以及云南一带影响甚广。直到今天，每年的藏历五月初十，宁玛派的祖庭桑耶寺的喇嘛们照样会跳起莲花生大师及八大化身的金刚舞。

到了1073年，一位叫作贡却杰布的出家僧人，到了后藏萨迦地区传教，创建了萨迦寺，而后创立了萨迦派。在大昭寺内供奉着萨迦派的祖师们，时人称之为"萨迦五祖"。最右面的祖师，便是八思巴。他继萨迦班智达之后，被元朝皇帝忽必烈还封作国师，负责全国佛教事务以及整个西藏地区，由此结束了西藏将近400年的混乱局面，自此西藏也正式归属中央政府管辖。

噶举派是公元11世纪中叶由玛尔巴创立，噶举指的是传承佛语的意思。该派尤其重视师徒之间的口耳相传，是藏传佛教首个实行活佛转世制度的教派。第一个转世活佛称作噶玛巴，意思是指"行佛行事业者"。明代永乐皇帝赐封他为"大宝法王"，一直延续今日。噶举派在藏传佛教各宗派里支系众多，今天拥有数量众多的寺院，几乎遍布整个藏族地区。

喇嘛庙转经筒

第一章 佛教与中国的渊源

到了 14 世纪 70 年代，有一位年轻人走在去往西藏的途中，他便是格鲁派的创始者宗喀巴大师。宗喀巴，1357 年在青海湟中县出生，8 岁出家，17 岁进入西藏求法。经过自身艰苦的修行与学习，他已经通达显密各宗的教义。当时的他面对当时藏传佛教派别繁多、混乱以及戒律松懈的局面，集中精力整理出一套"先显后密"的修习次第，严格要求僧人必须遵守戒律，深入研习佛法，闻思修证，倡导一条循序渐进的觉悟道路。他综合各个宗教义后撰写的《菩提道次第广论》，可以称为一部中国佛教史上的不朽经典。

到了 1642 年，格鲁派在蒙古贵族以及皇太极的扶持下获取了西藏地区的统治地位，因此成为在藏地信徒最多、势力最大的宗派。后来宗喀巴圆寂后，继承他事业的，是他门下的两个徒弟。一位名为根敦珠巴，圆寂后被追称为第一世达赖喇嘛，相传他为观世音菩萨的化身；另一位为克珠杰，后来被人们追认为第一世班禅，相传为阿弥陀佛的化身。

到了 1653 年，五世达赖更是远赴北京，朝见当时的顺治皇帝，受册封为"达赖喇嘛"，从而确立了他在藏传佛教的绝对领袖地位。康熙五十二年，即 1713 年，中央政府册封五世班禅是"班禅额尔德尼"。达赖、班禅的转世，从此归属于中央政府正式册封，沿袭至今。

到了 1792 年，乾隆皇帝亲自撰写了《喇嘛说》，明确强调了活佛转世灵童，必须经过金瓶掣签方能认定。经乾隆皇帝批准，特别定制了两个金瓶，一个送往西藏，供在大昭寺，用来掣定达赖喇嘛与班禅大师等藏地大活佛；另一个留在北京，供于雍和宫，用来掣定内蒙古、青海及甘肃等地的大活佛。

宗喀巴圆寂的时间，现在成为藏族人民的一个传统节日，称作"燃灯节"。每逢藏历十月二十五日的夜晚，人们都会把点燃的酥油灯放在窗台上，用来纪念宗喀巴大师。

及至今天，藏传佛教不仅在藏族、蒙古族以及汉族中间盛行，就是在土家族、满族、裕固族、锡伯族、纳西族、达尔斡族等也广为流传。

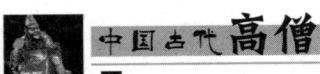

知识链接

佛教的基本教义

佛教是在公元前五六世纪时期,由释迦牟尼在南亚次大陆创立的。佛教的基本教义为:以为现实世界是"无常"的,也就是指迅速变化的和虚幻的,现实人生则为"苦"的。"苦"的基本因素既不能怨天——因为不是神的安排,又不要尤人——因为不在于社会环境,而是由个人造成的"惑""业"所致。

"惑"的意思指贪、瞋、痴等烦恼——自寻的烦恼;"业"的意思指身、口、意等活动及其缔造的结果。根据个人善恶行动,今生之因到未来成果,这样"轮回报应",生死循环才可以变化不已。

要想摆脱"苦",便要皈依佛法,按照佛教教义修持,彻底更改自己的人生观、认识观,完全祛除自己的世俗欲望,最后超出生死轮回到达最高境界"涅槃"(或说"解脱")。

第二章

佛教供奉的对象

　　佛教具有非常庞大的体系,供奉的对象也很多,包括菩萨、罗汉、护法天神等。
　　在中国境地,不同时期流行供奉的对象也有所变化。而且,这些供奉对象有的经过艺术加工,演变为中国文学作品中的人物,有的沾染中国文化,转变为中外结合友好纽带。

第一节 罗汉

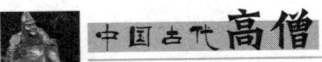

阿罗汉果位

罗汉，为阿罗汉（梵文 Arhat 的音译）的简称，原本指原始的小乘佛教所达到的最高境界。传说称：一位佛教徒修行，可能到达高低不同的四种境界。每一种境界称为一个"果位"，有点和现代的学位相似。这四种果位是：

初果：原为预流果（音译：须陀洹），一旦获得了初果，在轮回转生时便不会堕入"恶趣"（指变成畜生、恶鬼等）。

二果：原为一来果（音译：斯陀含），获得此果，轮回时便只转生一次。

三果：原为不还果（音译：阿那含），获得此果，就不再回到"欲界"受生而可以超生天界。

四果：便是阿罗汉果，拥有此果，他是诸漏已尽，万行圆成，所做已做，应办已办，永远不可能再投胎转世而承受"生死轮回"的苦楚。获得果位的人，便称为阿罗汉，简称罗汉。

是否所有的人都可以获得罗汉果呢？传说古代印度次大陆弥兰陀

罗汉像

王曾经有意问过那位在佛经中著名的那先比丘，是否在家居士也有可能变成阿罗汉，答案是肯定的。

四大罗汉与十六罗汉

如上所述，证阿罗汉果位就像现在攻读最高学位。证果，原意为自身求解脱。根据小乘佛教的理论，获得阿罗汉果位，便是最终归宿（涅槃）。说白了，修罗汉果的只是些"自了汉"。要是所有人都是这样，谁还去传扬佛法？后来大乘佛教便往前跨了一步，把自身解脱当作小事，众生解脱当作大事。主张一切有情成佛，用佛法成就众生。所以，开始提倡作佛灭度后不入涅槃护法弘法的阿罗汉，这是修阿罗汉果位的人从来没有预期的任务，所以，释尊便在他们之中遴选。

根据西晋时期竺法护所译的《弥勒下生经》以及东晋时期译者失名的《舍利弗问经》说，佛去世时派遣君屠钵叹比丘、宾头卢比丘、大迦叶（译作"摩诃迦叶"）比丘、罗云（即罗怙罗、罗喉罗）比丘"住世不涅槃，流通我法"。他们全是释尊的亲传嫡系，罗怙罗还是释尊的亲生子。他们全是"声闻"。所谓"声闻"，最早的见解是指亲自听到过佛的言教声音觉悟而获得果位者。从释尊修行而得证阿罗汉果位的人尽管很多，不过看来均已涅槃，早已无踪无影。最早住世的阿罗汉便是这四大比丘（也称为四大罗汉、四大声闻）。

现存汉译佛经中关于十六罗汉最早的经典见于唐代玄奘大师所翻译的《大阿罗汉难提密多罗所说法住记》（简称《法住记》），难提密多罗翻译为"庆友"，传说他是佛灭后八百年时师子国（就是指今斯里兰卡）的名僧。他年辈较晚，尽管成为罗汉，却够不上"声闻"。《法住记》中所记载的是"如是传闻"，而不是"如是我闻"。书中讲到，庆友在涅槃时将十六大阿罗汉的法名与住址告诉大众，今人把《法住记》十六罗汉名号照录如下：

第一位：宾度罗跋啰惰阇，他的经典形象是头发皓白，长有白色长眉。俗称"长眉罗汉"。中国禅林食堂经常供奉他的像。

第二位：迦诺迦伐蹉，根据《佛说阿罗汉具德经》说，他是"知一切善恶法之声闻"。第三位：迦诺迦跋厘惰阇。

第四位：苏频陀。

第五位：诺矩罗。

第六位：跋陀罗，意译作"贤者"，是佛的一名近身侍者。根据《楞严经》，他主管洗浴的事宜，因而近世禅林浴室中经常供奉他的像。

第七位：迦理迦，是佛的一名近身侍者。

第八位：伐阇罗弗多罗，意译为"金刚子"。

第九位：戍博迦，有"贱民""男根断者"的含义，可见其出身不高，或为宦者。

第十位：半托迦，和第十六位注荼半托迦是亲生兄弟。据传说他们的母亲是大富长者之女，因和家奴私通，逃跑到其他的国家，久而有孕，临产的时候往家返，在路途中生二子。大的称为半托迦，意为"大路边生"；小的叫作注荼半托迦，意为"小路边生"。兄长聪明小弟愚钝，不过均出家成罗汉。

第十一位：罗怙罗，意译"障月""执月""覆障"。他是释尊在俗时所生养的唯一儿子。据传说佛出家之夜，释尊在俗时的第二夫人耶输有幸怀胎，6年后佛成道之夜月蚀时降生，所以由此命名。15岁出家，是佛的十大弟子之一，"不毁禁戒，诵读不懈"，称作"密行第一"。

第十二位：那伽犀那，意译"龙军"，习惯称之为"那先比丘"，生于佛灭后，7岁出家，曾在舍竭国答国王弥兰陀之间，传扬佛法。

第十三位：因揭陀。

第十四位：伐那娑斯。

第十五位：阿氏多，是佛的一名侍者。

第十六位：注荼半托迦。

中国佛教中佛与菩萨的形象到了唐代都已基本定型，逐渐具有类型化。他们的衣饰也非常特殊，和平常的世俗人等区别较大。罗汉的传说大致从《法住记》流行后才逐渐普及的，罗汉身穿汉化了的僧衣，与普通的和尚并没有什么区别，关于他们的生平资料记载也少之又少。这些，都给艺术家发挥驰骋想象创造了条件，使他们可以在老幼胖瘦高矮俊丑等大量现实生活中和尚的基础上，创造出非常生动的多种罗汉形象来。可以说，罗汉刚到中国，便异常生动活泼地出现在佛教徒、艺术家的心目中，极大地丰富了中国绘画、雕塑的题材与内容。

十八罗汉

画十六罗汉像的画师，也有加绘两人的。有人推断说画的大概是《法住记》的述说者庆友尊者与译者玄奘法师。这种设想最有可能符合最早的事实，不过岁久年深，如今已经很难找到确切证明。这便成为由十六罗汉变为十八罗汉的嚆矢。

今人所知对五代时画十八罗汉像的最早的形象化记录见于苏轼所写的《十八大阿罗汉颂》一文（载于《东坡后集》卷二十）。苏轼记录说，他在海南岛为官时，从民间获得前蜀简州金水"世擅其艺"的张氏所画的"十八罗汉图"——表明这种图当时已经非常普及，张氏累世所画也有很多。根据苏轼所记，这幅图富有生活情趣，每个罗汉都有童子、侍女、胡人等一二人作为陪衬，像极了世俗画的"燕居图"。苏轼没有写出十八罗汉名号——不过他在后来所写的《自海南归过清远峡宝林寺敬赞禅月所画十八大阿罗汉》一文中给明确补出了。苏轼文中前十六罗汉名号全部取自《法住记》。第十七位，苏轼称其为"庆友尊者"；第十八位，称其为"宾头卢尊者"，很明显是第一

十八罗汉像（部分）

位罗汉的重出。苏轼是深明佛学的人，怎么也会犯这样低级的错误呢？估计有可能是照抄当时流行的说法。

到了宋咸淳五年（1269年），志磐在其所写的《佛祖统记》卷三十三中提出：庆友才是《法住记》的作者，不应排在住世之列；宾头卢为重复。第十七与第十八位应该是迦叶尊者与君徒钵叹尊者，即在《弥勒下生经》所说的不在十六罗汉之列的两位尊者。这种说法，将四大罗汉与十八罗汉以住世作为环节联系起来，有言之有故的优势。我们认为，如果承认有十八罗汉，宁可用志磐的解释，至少算得上是自圆其说。然而到了清朝乾隆年间，皇帝与章嘉呼图克图认为第十七位应该为降龙罗汉，也就是嘎沙鸦巴尊者（迦叶尊者）；第十八位应该为伏虎罗汉，也就是指纳答密喇尊者（弥勒尊者）。降龙伏虎的传说来自中国，起源很晚，很可能在北宋以后。不过这两尊像画起来或塑起来有龙与虎当作道具与陪衬，更加生动形象，再加上皇帝御定，以后的十八罗汉就把皇帝"考证"出来的当作准则了。藏传佛教在十六罗汉之外加上的是释迦牟尼的母亲摩耶夫人，以及弥勒。

五百罗汉与济公

五百罗汉是佛经中经常可见的群体。《十诵律》称，释尊出生时，就有五百弟子随侍听法。释尊涅槃之后，迦叶率领五百比丘在王舍城结集三藏，即追记与整理释尊生前所说的佛法，在此期间，富楼那亦率领五百比丘来会。《法华经》中有《五百弟子授记品》。《舍利弗问经》记载了弗沙密多罗王毁灭佛法后，有五百罗汉重新使佛教得以兴盛。《涅槃经》与《佛五百弟子本起经》中，都有五百弟子各述自身的因缘。《大唐西域记》称，佛灭后四百年，有五百比丘前往迦湿弥罗国结集佛藏。

从上面讲到的诸经籍中的五百弟子、五百比丘、五百罗汉，明显是各有所指，并不是指同一群体。五百罗汉究竟是什么时候出现在中国的呢？根据《高僧传》卷十二，他们最初在天台山出现，那是东晋时代的事情。及至五代，人们对罗汉的崇拜日益兴盛。显德元年（954年）道潜禅师获得吴越钱忠懿王的允许，把雷峰塔下的十六大士像迁移到净慈寺，首创五百罗汉堂。

宋太宗雍熙二年（985年）造罗汉像516尊（十六罗汉与五百罗汉），供奉在天台山寿昌寺。在此期间，全国各地寺院也大多兴建罗汉堂或罗汉阁。名画家李公麟等画有五百罗汉图像。

在中国，五代以降，供奉罗汉的风气大盛，各地名山大刹大多兴建有五百罗汉堂，规模宏大，耗资很多。现保存完整的有北京碧云寺、昆明筇竹寺、汉阳归元寺、上海龙华寺等。

虽然佛经中提到关于五百罗汉的地方有很多，却无一处列出他们各自的尊姓大名。就像剧本里的人物似的，主要的有戏可做的角色才用得上名字，扮演群众者都为无名氏，至多给他们粗略编上号码，姑且称之为甲乙丙丁。五百罗汉人数众多，连编号都编不过来，只能够笼统称之，简直是一笔带过。可是，这五百人全部进入罗汉堂，比肩对坐，主次不分，情况就不一样了。他们全部可以称为主角，又全部能够称作群众，是没有群众的主角，也是没有主角的群众。礼拜者或观赏者到了他们面前，自然会产生想要了解他们的冲动，要是连其姓名都说不出，不仅使礼拜者没有办法默祷其尊号，也使观赏者感到索然无味。因而，为之一一命名，便成了佛徒们的迫切需要。

在近代的一些罗汉堂中，除去五百罗汉外，经常伴有济公的出现。济公在历史上的确有记载，他是南宋僧人（公元1148—1209年），本名李心远，台州（今浙江省临海）人，出家后获得法名道济。他确实在杭州灵隐寺出家，后迁移到净慈寺。据传说，他不守清规戒律，嗜好酒肉，尤其是狗肉蘸大蒜，举止癫狂，被称作"济癫僧"。他后来被人们神化，认为他是降龙罗汉转世，一度被尊作为"济公"。这是个土生土长且塑造得非常有个性的中国罗汉。他具备劳动人民所喜欢的诙谐幽默的个性，可以做些出人意表的大快人心之事，因而，他在中国封建社会时期，是个很得人心的罗汉。可惜，根据民间传闻，他去罗汉堂报到太迟，只可以站在过道里（像是江南某些大寺），或蹲在房梁上（像是北京碧云寺）。他的面像也极为特殊，经常塑成半边脸哭半边脸笑，所谓"半瞋半喜""哭笑不得"，像是苏州西园戒幢律寺罗汉堂过道里站着的济公，便是个中典型。游玩罗汉堂的众人，对这唯一的例外安排和面貌特征印象总是非常深刻，就是将那五百罗汉全忘记了都会下意识地记住他。他是中国人，是土生土长的中国罗汉。

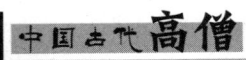

知识链接

僧人的食器——钵盂

和尚受戒时,除三衣外,发给钵盂,为托钵化缘用。钵是"钵多罗"之略称,再加意译则为"钵盂"。它是食器,相当于俗人的饭碗。

它的材料、颜色、大小,在佛典中均有规定,所以,它是"如法"(按佛法规定而制)的食器,持用它,应受人天供养,因而译作"应器"。它又是应腹分量而食(按肚量大小吃饭)的食器,因此也译作"应量器"。也有解作体、色、量三者皆应法(形状、颜色、大小都与佛法规定吻合),故名应器或应量器。汉化佛教僧人所用的钵形制划一:圆形,稍扁,底平,敛口。

第二节 菩萨

菩萨行四十二贤圣阶位

梵文 Bodhi-sattva,音译是"菩提萨埵",略称"菩萨"。意译"觉有情""道众生""道心众生",还有译为开士、始士、圣士、超士、无双、法臣、大圣、大士的。所以一般人常称菩萨为"大士"。菩萨,在佛教中的等级仅次于佛。据说释迦牟尼未成佛时,就曾自称菩萨。

佛教徒的最高理想是通过修行最终涅槃成佛。修行成佛,小乘只修罗汉行,大乘则修菩萨行。据汉化佛教的说法,一个凡人要修菩萨行成佛,需经42个(或再详加分析为52个)阶位,需转生历"劫"多次。

劫,是梵文的音译"劫波(或'劫簸')"之略,意为极为久远的时节。源于印度婆罗门教,印度教因之;佛教虽亦沿用其说,但说法不同。佛教认为,劫可分为大劫、中劫、小劫。谓世上人的寿命有增有减,每一增(人寿自10岁开始,每百年增1岁,增至84000岁)及一减(人寿自84000岁开始,每百年减1岁,减至10岁),为一小劫,二十小劫为一中劫。一大劫包括"成""住""坏""空"四个中劫。

僧祇劫,全称阿僧祇劫,意译是"无数长时",简称僧祇劫。

由上可知,修菩萨行,达到一定的"位",便是菩萨。所以无论在家出家,只要到"位",即可称菩萨。菩萨等级很多,可大致分两种类型:一种是佛经中有名号的菩萨,他们都是等觉位的。有名号的菩萨不少,但图像中常见的汉化佛教中有代表性的等觉位菩萨只有"十二圆觉菩萨""八大菩萨""四大菩萨"等。等觉位菩萨常作佛的胁侍,四大菩萨则自立道场。另一种是无名号的小菩萨,他们都属十圣位,在图像中一般以供养菩萨身份出现。

以具体形象来总括菩萨位次,则可用"四十二贤圣像"来表现。它常作为组画,画在佛寺大殿壁上。也可单独画出"等觉菩萨像"等。

自立道场的文殊与普贤

佛,特别是大乘佛教中的佛,异常崇高。因此难以与世俗信徒接近,缺乏亲切感。而某些菩萨却使世俗信徒感到亲切和对之有迫切需求。所以,佛教传入中国后,对菩萨的单独信仰逐渐抬头。隋唐以后,中国的佛教信徒通过种种附会,逐渐请著名的菩萨东来定居,自立道场。

汉文佛典中著名的菩萨有弥勒、文殊、普贤、观世音、大势至、地藏等几位——弥勒后来升级成佛了;大势至菩萨未能独立成军,没有什么势力范

文殊菩萨像

围；观音、文殊、普贤则随缘应化，自立道场，成为中国化的著名菩萨，并称为"三大士"；再加上在九华山立道场的地藏，并称"四大菩萨"。四大菩萨占山作道场，彻底汉化。所占之山成了汉化佛教的四大名山。这四位菩萨中，观音与地藏更为煊赫，更加深入人心，下文另作介绍。这里只介绍文殊与普贤，略及有关三大士的情况。

文殊，全称文殊师利，译音作"曼殊师利"，意译"妙德""妙吉祥"等。据说他在诸大菩萨中智慧辩才第一。他的典型法象是顶结五髻，手持宝剑，坐莲花宝座，骑狮子，这是智慧、辩才锐利、威猛的象征。他的美名尊号是"大智文殊"。有关他的住处，《华严经·菩萨住处品》中有明确说明。大意是"东北方有菩萨住处，名叫清凉山，文殊师利住在此山"。中国佛教徒以五台山应之。五台山"岁积坚冰，夏仍飞雪，曾无凉暑"（《广清凉传》卷上），可拟清凉山。北魏时就建有佛寺，至北齐时已扩展到二百余所。隋文帝曾下诏在东南西北中五台之顶各立寺一所，并遣使在山顶设斋立碑。唐代开元年间臻于极盛，也是"文殊信仰"以此山为中心的极盛时代。唐宋时日本、尼泊尔等国僧人常来巡礼。我国敦煌莫高窟第61窟《五台山图》则是五代时（会昌灭佛后中兴时）山区寺院情况的历史写照。总之，五台山是唐宋以来我国最早最大的一处国际性道场。不过，宋元以降，民间的"观音信仰"逐渐普及，"三大士"还得请观音居中，文殊屈居左侧。

普贤，亦译"遍吉"，音译"三曼多跋陀罗"。他主一切诸佛的理德、行德，与文殊的智德、证德相对，也就是说，他代表"德"与"行"。德，据说他有延命之德；行，据说他发过十种广大行愿，要为佛教弘法工作。所以他的美名尊号是"大行普贤"。"普贤之学得于行，行之谨审静重莫若象，故好象。"白象是他愿行广大、功德圆满的象征，故普贤骑六牙白象。四川省峨眉山自古即为我国名山，晋代山上始建普贤寺，今名万寿寺。后来佛教大盛于山中，逐渐演变为普贤东来道场。百里山峦，明清时代梵宇琳宫多达70余座。其中万年寺砖殿铜铸普贤骑象像一尊：象身白色，六牙，四足分踏三尺莲座。象背普贤坐莲台，手执如意，整个铸像通高7.35米，其中白象高3.3米，象背上莲台加普贤4.05米，总重62吨。这铜像是北宋太平兴国五年（980年）宋太宗派张仁赞在成都分部铸造，然后运到峨眉山焊接而成的。这尊像是有代表性的普贤法像。

以道场而言，普贤驻峨眉，殊有入蜀偏安之势。可是，峨眉山景实在使人目不暇接，岚光时变，又有金顶奇观等他处绝无本山独有之名胜，因此，当代旅游巡礼者多于参拜之信徒焉。

胁侍菩萨

著名的菩萨常作佛的左右胁近侍，习称"胁侍"。三位一组，俗称"一佛二菩萨"。

释迦牟尼佛的左胁侍是文殊菩萨，右胁侍是普贤菩萨，这是见于《华严经》记载的，故合称"华严三圣"。

接引众生往西方极乐世界的阿弥陀佛，其左胁侍是观世音菩萨，右胁侍是大势至菩萨，合称"西方三圣"，又别称"阿弥陀三尊"。

东方净琉璃世界的教主是药师佛（全称"药师琉璃光如来"），他的左胁侍是"日光遍照菩萨"（简称"日光菩萨"），右胁侍是"月光遍照菩萨"（简称"月光菩萨"），合称"东方三圣"，又别称"药师三尊"。

有时在佛的近侧，还有作单腿跪姿或弓身立姿的两个一组左右侍奉的菩萨。这些菩萨多无名号，统称为"供养菩萨"。有时按其手势（常为合十）或持物（常为盘中置莲花等）分为"献花菩萨""献香菩萨""乐音菩萨"（持乐器）、"膜拜菩萨"（合十者）等。

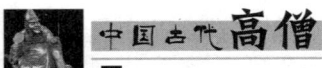

八大菩萨和十二圆觉菩萨

除自立道场的四大菩萨外，在等觉位的大菩萨中，有代表性的是"八大菩萨"和"十二圆觉菩萨"，他们的形象也常在寺院中出现。

八大菩萨的名号和排列顺序，各经中记载不同，起码有六七种说法。现把有代表性的几种列表如下。

通常所造八大菩萨像，多依《八大菩萨经》等三种经的说法，排列顺序依三经中之一经。盛唐至北宋时流行的密宗，盛行一种为高级和尚得法证明的"灌顶法"。当灌顶或修炼时，每次需有一位大菩萨临坛证盟。据《灌顶摩尼罗宣大神咒经》等经说，密宗瑜珈部归场证盟者即八大菩萨。后来与密宗相对的显宗也通用此说法，但不灌顶。此种八大菩萨像习称"证明像"。近代佛寺中少见。四川大足大佛湾"倒塔"第二层的八大菩萨像可称代表作。

"十二圆觉菩萨"中的圆觉，直译意为"圆满的灵觉"，也就是"修行功德圆满"，是"真如""佛性"的别名。唐代佛陀多罗译出《大方广圆觉修多罗了义经》一卷，简称《圆觉经》。讲的内容是：一切众生本性是佛性。即是说，人本来都能成佛，但因有"恩爱贪欲"等"妄念"，才流转于生死轮回。如能摒弃一切情欲，破除一切迷误，"于清静心，便得开悟"。《圆觉经》为12章，分别是12位大菩萨次第请问因地修证法门，佛一一作答。12位菩萨是：文殊菩萨、普贤菩萨、普眼菩萨、金刚藏菩萨、弥勒菩萨、清净慧菩萨、大势至菩萨、观世音菩萨、净业障菩萨、普觉菩萨、圆觉菩萨、贤善首菩萨。

一般在三种佛殿内可见到"十二圆觉菩萨"。

第一种是专门性的"圆觉道场"，即按《圆觉经》内容建立的"圆觉殿"。正中供佛像，可以是释迦牟尼佛一身，也可以是法、报、化三佛三身，两旁列十二圆觉菩萨。典型例证是四川大足县宝顶山大佛湾第29号"圆觉洞"。

第二种是在开间很大的大雄宝殿内，陪同十八罗汉、二十诸天作礼佛的环卫。如杭州灵隐寺大雄宝殿内所塑者即是。

第三种是塑在卧佛旁。如北京西山十方普觉寺（卧佛寺）中卧佛殿中所塑，可能就是。但此种安排少见，佛像研究者间颇有争议。

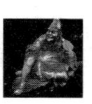

《圆觉经》与《维摩经》《楞严经》等同为禅宗常用经典，故塑有十二圆觉菩萨的常为禅宗庙堂。

地藏菩萨

地藏菩萨，据《地藏十轮经》说，他"安忍不动犹如大地，静虑深密犹如地藏"，故名。音译是"乞叉底蘖婆"。据佛经故事说，他受释迦牟尼佛嘱咐，在释尊入灭而弥勒尚未降生世间这一段时期度世。于是他发了大誓愿：一定要尽度六道轮回中众生，拯救各种苦难，才升级成佛。因此，他的美称尊号是"大愿地藏"。大愿是指：其一，孝道，即孝顺和超荐父母；其二，为众生担荷一切难行苦行；其三，满足众生需求，令大地草木花果生长；其四，祛除疾病；其五，要度尽地狱众生，不然"誓不成佛"。

这些内容，如孝道，很有些中国传统伦理道德气息，是佛教汉化后适应本地情况的新说教。保护农业和防治百病，更适合以农立国的中国国情，特别受农民欢迎。至于代众生受苦难并度尽众生，那可太容易被受尽苦难的中国老百姓理解和接受了。所以，除了观音以外，地藏菩萨在旧中国下层的信徒最多，是汉化程度最深的菩萨。

据说，地藏菩萨降迹新罗国为王子，姓金名乔觉，躯体雄伟，顶耸骨奇。祝发后号地藏比丘，于唐高宗时航海来中国。最初随处参访，游化数年，后来到九华山（今属安徽省青阳县，号称"东南第一山"）结庐苦修。若干年后被地方士绅诸葛节等发现，见他住石洞茅蓬，吃掺有观音土（一种白土）的饭食，生活清苦，又询知是新罗王子，感到应尽地主之谊，于是发心为之造寺。

当时九华山属闵公所有，建寺要闵公出地。闵公问地藏比丘要多少地，答云："一袈裟所覆盖地足矣。"闵公应允。不料地藏

地藏王菩萨

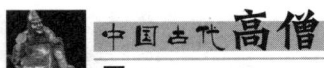

袈裟越扯越大，盖尽九华。于是闵公将此山全部布施供养。闵公于是成为地藏护法，他的儿子也随地藏出家，法名道明。据说地藏比丘居山数十年，于盛唐开元二十六年（738年）七月三十日入灭，俗腊99岁，肉身不坏，以全身入塔。九华山的月（肉）身殿，即地藏来华化身成道处。后世以此日为地藏菩萨应化中国的涅槃日，佛寺中常举办地藏法会。

地藏菩萨以其有新罗王子化身之故，常现出家相，作比丘装束，和其他的大菩萨明显不同。他的标准像一般是：右手持锡杖，表爱护众生，也表戒律精严；左手持如意宝珠，表欲使众生愿望均得到满足。两位胁侍是一青年比丘，一老年长者，据说就是闵公父子。

唐代以降，汉化佛教更加世俗化，也更加和汉族本来的风俗习惯融合，观音和地藏逐渐脱颖而出，成为汉化佛教中香火最盛的代表。这两位也有了明确分工：观音以救度活人为主，地藏以救拔鬼魂为职。因此，地藏新获头衔为"幽冥教主地藏王菩萨"。我们从各种小说等资料考察，地狱像是一座大法院，中设各种法庭和监狱。阎王好似大法院的头领，负责判案，处理具体事务。而地藏菩萨却有点像那里的掌握"原则"的佛教最高代表，并不管具体事务。

阎王铁面无私，而地藏普救众生惠及幽冥。所以，人们为亡灵求超度时，往往哀求地藏发慈悲。人活着，寄希望于观音慈航普度；死后则希望地藏光照幽冥。因此，观音和地藏成为汉化佛教中最受膜拜的代表。

知识链接

成为僧人的条件

僧人严格意义上指的是信奉佛教，出家专门从事佛教活动，并按照佛教戒律生活及进行修行的职业佛教徒。"僧"并不是汉语中固有的一个名词，而是随着佛教的传入，从印度转来的一个外来语。

> 成为僧人必须具备两个条件：一是"剃落须发，释累辞家"，这就是大家所熟知的"出家"；二是"结师资，遵律度，相与和居，治心修净"，也就是常说的"受戒"。只有经过出家和受戒这两个过程，一个普通的人才能成为一名佛家僧人。

第三节 观世音菩萨

观世音菩萨和普陀山

观世音，也有译成"光世音""观自在""观世自在"的，音译"阿婆卢吉低舍婆罗""阿缚卢枳多伊湿伐罗"。观音是"观世音"的略称。唐朝太宗李世民时，减去"世"字，故称观音。

据《妙法莲华经》中的"普门品"说，观世音菩萨是大慈大悲的菩萨，能现33种化身，救12种大难。遇难众生只要念诵他的名号，"菩萨即时观其音声"，前往拯救解脱。观世音主张"随类化度"，他对一切人救苦救难，不分贵贱贤愚，所以他的美名尊号是"大慈大悲救苦救难观世音菩萨"，简称"大悲"。

南北朝时，观音已逐渐获得社会上的普遍信仰。今存敦煌莫高窟40多壁隋唐"法华经变"壁画中，表现以观世音为主角的"普门品"占半数以上。

壁画中就有犯人念观音名号而枷锁自落、死囚临刑念观音名号而刀杖节节折断的场面。

这样一位菩萨，中国人当然要欢迎他东来定居。浙江省舟山群岛内的普陀山，就是他显灵说法的道场。据说唐代大中（847—860年）年间有一印度僧人来此自燔十指，"亲睹观世音菩萨现身说法，授以七色宝石"，遂传此地为观音显圣之地。《华严经》中有观世音住在普陀洛迦山的说法，于是略称此山为普陀，华言"小白华"，释言"海岸孤绝处"。日本临济宗名僧慧萼曾多次入唐。在大中十二年（858年）或咸通五年（863年），他从五台山请观音像归日，途经普陀山，为大风所阻。他祈请观音，得到不肯去日本愿留中国的灵示，于是在普陀山潮音洞前紫竹林，与当地居民共建"不肯去观音院"，是为道场开基。

北宋以还，寺宇迭兴，香火极盛。据中国传说，观世音的生日是夏历二月十九，成道日是夏历六月十九，涅槃日是夏历九月十九。每当二、六、九月，朝拜者尤其踊跃。特别是日本、朝鲜和东南亚各地的善男信女，常不远千里而来。日本虽以本国的那智山作普陀洛迦道场，可是信士还是心向中国南海普陀。此山已成为近代中国最大的国际性道场。

六观音与七观音

佛教有"六道轮回"的说法，说的是：一切有生命的"众生"，包括人在内，统统被安置在六种不同的情况下，这六种情况叫"六道"，也叫"六趣"，由低到高排列为：地狱道、饿鬼道、畜生道、阿修罗（一种恶神）道、天道、人道。据说，观音为化度六道众生，要为他们破"三障"（信行佛法的三大障碍），即：烦恼障，由贪、瞋、痴等心理产生的烦恼；业障，由本身身（行为）、口（言谈）、意（思想）造成的不善的思想与行为；报障，即落入地狱、恶鬼、畜生等道的恶报。

观音度六道众生破三障，要随缘应化，以各种化身出现。化身共六种，称为"六观音"。天台宗与密宗定名不同，大致是依作用或按形象而定。

此外，还有用"不空罥索观音"来取代"准胝（准提）观音"的。有的就索性只加而不取代，合成"七观音"。圣观音是观音的总体代表，其形象可视为观音的标准像，故又称"正观音"。这尊标准像戴天冠，天冠中有阿弥陀佛像。结跏趺坐于莲花座上，右手持半开莲花一枝，左手结大悲施无畏印（即横臂挡胸侧，拇指尖顶在食指尖上，中空成圈形，其余三指直竖而微微分开）。

千手千眼观音。在寺院中亦常见。其典型塑法、画法有二，一种是实有千手，法身8手最大，其中2手合掌；报身40手细小些，其中2手合掌。其余44手持各种法器，手中各有1眼。化身952手，手中各有1眼，分5层或10层如孔雀开屏般后插。此种像常成为精美艺术品。另一种是简化了的造型，一般寺院中均取该式，两眼两手之下，左右各具20手，手中各有1眼，共40手40眼。又各配上"二十五有"（25×40=1000），而成千手千眼。"二十五有"指三界中25种有情存在环境，即欲界十四有：四恶趣，四洲，六欲天；色界七有：四禅天和初禅天中分出的大梵天，四禅中分出的净居天与无想天；无色界四有：四空处。这些都越说越玄，一般不必详究。

马头观音。顾名思义，头是马头，坐莲花座的观音标准像则另成一小像安坐于马头之上，但实际上近代常为一忿怒粗野的中年男子面庞，恐是因为汉族太敬爱观音，不忍见他化成动物身之故。身是菩萨身，一般右手捻莲花，左手持武器（常为长柄大斧），或坐或立。此像形貌愤怒威猛，象征摧伏妖魔时之状，又称"马头明王"。

十一面观音。有11个颜面，象征菩萨修完"十地"（大乘菩萨修行的10个阶位），最后功行圆满，到达第十一地，即佛地。描述这尊观音的佛经有三种：北周耶舍崛多译的《十一面观世音神咒经》，唐玄奘译的《十一面神咒心经》，唐不空译的《十一面观自在菩萨心密言念诵仪轨经》。因说法不一，故各寺所见形象略有不同。一般中间前三面作菩萨善面慈悲相，左厢三面作瞋怒相，右厢三面似菩萨面而作白牙上出相，中间后一面作暴怒大笑相，顶上一面作佛面。各戴宝冠，宝冠中有阿弥陀佛像，有二臂四臂两种造型。二臂者常为左手执莲花，右手作施无畏印臂挂数珠一串。四臂者常为右一手把念珠，右二手作施无畏印，左一手持莲花，左二手持净瓶。

不空羂索观音。依《不空羂索神变真言经》的说法，有三种造型：十面十臂、三面四臂、三头六臂。一般寺院所见多为三头六臂之像，三面各具三眼。中为慈悲相，左为忿怒相（常鬓发耸立），右为白牙上出相。六只手除一手作大悲施无畏印外，五只手持羂索（南亚次大陆古代打猎用的套兽绳索，由五色线编成）、莲花、戟（三叉戟）、钺或斧、如意宝杖。

准胝观音。准胝音译常作"准提"，意为"心性洁净"。准胝观音常为女性形象，有三目十八臂。三只眼分别代表救惑、业、苦的三慈眼。

如意轮观音。常为六臂金身像，右第一手支颐，是为"思惟相"。左第一手按在一座山形物（叫"光明山"）上。另外四只手分持如意宝珠（表示能满足众生祈愿）、轮宝（表示转法轮）、念珠、莲花。如意宝珠、轮宝为"如意轮"法号之源。

以上"六观音""七观音"像在近现代寺院中常见。

圆通殿里的"三十二应"和"三十三身"

以观音为主尊的佛殿习称"大士殿"，俗称"菩萨殿"。供三位主尊的，常为观音居中，文殊在左，普贤在右，习称"三大士殿"。专供观音的称"圆通殿"，盖以观音曾有"圆通"美名之故。观音道场普陀山普济寺大圆通殿是个中巨擘。在这样的殿堂里，两侧靠墙环侍像常为观音"三十二应"或"三十三身"。

据说，观音可以示现种种身份说法。《法华经·观世音菩萨普门品》中说有"三十三身"，《楞严经》说有"三十二应"（菩萨现色身应化的32种形象）。二者大同小异。圆通殿中为求对称，常塑成32尊。兹依《摄无碍经》等各种经典、仪轨记载，参以寺中习见情况，将各身的典型形象概述如下：

佛身：佛的典型像，左手"定"印，舒放于膝前；右手"慧"印，作说法相，曲臂，大指食指作环形，余三指伸开。

辟支佛身（缘觉身）：中年和尚相，白脸，双手合十，身着福衣。

声闻身：青年和尚相，白脸，手持"三衣"函（小型衣箱），身着僧伽梨衣。

梵王身：四面，各三目；八臂，双足，白脸，戴天冠，着天衣，披璎珞，外罩袈裟。六只手执杵、水瓶、莲花、白拂子、剑、镜，余两手一手结拳印，一手作施无畏印。

帝释天身：白脸，戴宝冠，披璎珞，着天衣。左手结拳印，右手拄杵。

自在天身：白脸，手持红莲花，戴宝冠，穿王者服。

第二章 佛教供奉的对象

大自在天身：紫棠色脸，戴天冠，披璎珞，着天衣。乘黑色水牛或野猪，双手抱剑。

天大将军身：红脸，合掌，王者形象。

毗沙门天身：黄脸，怒相，戴宝冠，左手捧宝塔，右手持宝剑，身穿铠甲。

小王身：红脸，戴宝冠，穿红色王者服。合掌。

长者身：白脸，身穿贵族礼服，作富贵人相。手执如意宝珠。

居士身：白脸，身穿贵族礼服，作贵族中高级知识分子相。手执摩尼宝珠。

帝释天雕像

宰官身：红脸，身穿官员礼服，作大官僚相。合掌。

婆罗门身：红脸，作高级僧人相貌装束。双手持锡杖。

比丘身：带皱纹的红脸，有威仪的老年有道和尚相，戴头巾（或光头），穿袈裟。执钵。

比丘尼身：白胖老年尼姑相，身穿福衣。手执红莲花。

优婆塞身：白脸，白帽，身穿补缀过的穷人衣服。执香炉或香束之类上香器物。

优婆夷身：白脸，长发女相，半露齿。右手持莲花。

长者妇女身：白脸，天女相与天女装束。

居士妇女身：白脸，有知识的贵族妇女相貌与装束。

宰官妇女身：白脸，中老年贵族妇女相貌与装束。

婆罗门妇女身：白脸，中年贫苦妇女相貌与装束。

童男身：白脸小童，披宝衣，持莲花。

童女身：玉色脸，少女相，少女装束，持青莲花。

39

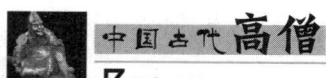

天身：红莲花色脸，着"百福"天衣。左手执莲花函（盛莲花的小盒），右手执莲花。

龙身：青脸，顶上现龙头；或径作龙头面庞，现忿怒相。双手执黑色云朵。

夜叉身：红脸，戴火焰冠，目发电光。双手持杵。

乾闼婆身：红脸，戴八角冠，旁边露火焰状头发，王者戎服。左手执笛，右手执宝剑。

阿修罗身：三面，青脸，忿怒相。赤膊露体。常为六臂，双手合掌，另四手执刀或杖、金印。

迦楼罗身：青黑脸，面作鸟形，人身有羽翼。左手拄腰，右手执金钢钩。

紧那罗身：红脸，马头或鹿头状面庞，半裸体。手执乐器。

摩睺罗伽身：贵族相，头顶一蛇；或径作蛇头形面庞。手执笙，或系腰鼓手执鼓杖。

执金刚神身：红脸，忿怒相。戴胄，上露火焰形发尖。左手拄腰，右手拄金刚杵。常披兽皮战袍。

以上不过举例性质，各像大体如此，并非一成不变。

三十三观音

所谓"三十三观音"，指33种观音形象。主要是个体图像，也有几种适于立体雕造，常做成瓷、木、牙、石等雕像。这是唐宋以来汉化佛教艺术家对观音形象不断进行创造、发展的定型化结果。这些图像常以图画、小型造像等形式在民间广泛流传，甚至成为供人欣赏的艺术品而不是膜拜的对象。这些观音走出寺院步入民宅，进入老百姓的日常生活中，因而更富生命力。

三十三观音的名称与形象特点是：

杨枝观音：手持净瓶、杨枝的立像。是近现代最常见的图塑形象。在非正规殿堂与民间，几乎取代圣观音而成标准像。常戴女式风帽与披肩长巾。

龙头观音：画作云中乘龙之像。颇多艺术名家杰作。

读经观音：坐岩头手持经卷的阅读像。颇受知识界喜爱，多有名家杰作。

圆光观音：背后画出炽盛火焰圆光。

游戏观音：闲适地在五色祥云之上。

白衣观音：少见。按僧家戒律，不能着白衣。汉族也以白衣为孝衣，故有避忌。然有偶见之名画。一般左手持莲花，右手作与愿印。

莲卧观音：在池中莲花之上。

泷见观音：欹倚山崖眺望瀑布流泉，颇为知识界所喜爱。

施药观音：常为右手拄颊，左手于膝头捻莲花之像。

鱼篮观音：脚踏鳌鱼手提盛鱼竹篮之像，或仅手提鱼篮。由于小说《西游记》将此形象大肆发挥，造出观音钓鱼降妖故事，使其名声甚噪。

德王观音：坐岩畔，手持树枝制成的杖。

水月观音：作观水中月影状。水中月，喻诸法无实体。此像具哲理性，受知识界崇敬。名家名笔迭出。

一叶观音：乘莲花浮于水面漂行。

青颈观音：密宗所传，近代中国少见，日本较多。按古代南亚次大陆神话传说，降魔大神湿婆吞下从乳海中搅出的毒药，药力在颈部化开，将脖子烧青。"青颈"原指湿婆。后来辗转变化附会，观音也有了降魔救众生因而服毒青颈的故事。但此种类型的故事在中国没有发展起来。

威德观音：左手持莲花，坐岩畔。

延命观音：头上戴顶有佛像之宝冠。

众宝观音：坐地上，右手向地，左手放在弯膝上。

岩户观音：在山洞中打坐的像。

能净观音：伫立岩畔望海沉思的像。

阿耨观音：阿耨是梵语 Anu 的音译，意为"极微"。只有具天眼、轮天眼和能得佛果的菩萨，才能看见"极微"。常画成远眺海上之像。

阿摩提观音：乘狮子而身放火光之像。密宗所传，近代中国少见。

叶衣观音：坐岩上，垫着草叶。近代中国少见。

琉璃观音：又名"香王菩萨""香王观音"，特点是手持香炉。

多罗尊观音：意为"眼，瞳子"。此尊为密宗系统，作中年女像，合掌持青莲花。近代中国少见。

蛤蜊观音：乘于蛤蜊上，或竟画坐居于两扇蛤蜊壳中。

六时观音：佛家依南亚次大陆之粗略计时法以晨朝、日中、日没为昼三时，初夜、中夜、后夜为夜三时，合称六时。佛教徒当每日六时奉行佛法不断，六时菩萨取义于此。常作居士装束。少见。

普慈观音：作大自在天化身形象。少见。

马郎妇观音：传说唐代元和年间，陕西有一美女，许多人要娶她。她说："一夜之间能背会《普门品》的，我就嫁。"到天亮时，有20人会背；她再提出背《金刚经》，又有十几个人背会；再提出《法华经》，3天后只有姓马的郎君能通背出此经7卷。于是克期成婚，但此女在婚前死去并腐烂。葬后，老僧以锡杖挖拨，见仅存镔子骨化为黄金。老僧说这是圣人点化愚蒙，说完也飞入空中。马郎妇菩萨据此故事点染而成，作民间妇女形象。

合掌观音：合掌为其特点。

一如观音：作乘云飞行状。

不二观音：两手低垂，在水中坐莲叶上。

持莲观音：坐莲叶上，两手持莲花，常为少女面孔。

洒水观音：又名"滴水观音"，作右手持瓶泻水姿态。塑像（特别是瓷像）中常暗藏滴水机关。

除三十三观音外，近代还流行"送子观音"。这是一尊女像的观音，抱着个小男孩，很受妇人欢迎，是中国汉化佛教创造出来的一尊观音。

海岛观音

海岛观音，又名"渡海观音"，是近现代大型汉化佛寺中常见的最漂亮最热闹的一大组群像。塑在大雄宝殿佛座板壁之后，面对后门。也有另建一殿单独供设的。一般塑成观音手持杨枝水瓶，立普陀洛迦山的山海之间（常脚踏鳌鱼）。上下左右塑许多小像，或为善财五十三参中的人物，或为观音救八难的人物故事。

据《华严经·入法界品》，善财童子是福城长者的五百童子之一。当其生时，种种珍宝自然涌出，故名"善财"。他受文殊启发，南行求法，参拜53位"善知识"（能化导人发菩提心救佛法的佛家人物）。第二十八参是在东洋

紫竹林拜观音。他与观音的关系，本来只此而已。不知何时，善财由童子拜观音的形象变成了观音的左胁侍。右胁侍是龙女，据说她是"二十诸天"之一的娑竭龙王之女，聪慧异常。8岁谒见释迦牟尼佛，即转男身成佛。她与观音本无来往，不知怎样也搭上关系。总之，观音左右胁侍的历史渊源，已经很难从正规佛经中考究。而群塑中别的像，更不是严格按经文行事。

"内行看门道，外行看热闹"，究竟是外行多。一般老百姓并不深究佛经中的事，倒是《西游记》中的故事深入人心。于是，在近现代，《西游记》中塑造的观音形象就成为雕塑家的重要素材。海岛观音群塑就颇受其影响。在这组塑造观音从普陀渡海出行普度众生的故事性塑像群中，不但善财、龙女相随，还常有红孩儿、黑熊精参拜。这后二位是在《西游记》中被观音戴上"金""禁"两个箍儿，收为守山神的。当然，唐僧、孙大圣、猪八戒、沙和尚、白龙马，也全得塑上，一般塑在左下角。连观音脚踏的鳌鱼，戏莲池的金鱼，也出自《西游记》的描述。

知识链接

三皈依与五戒

三皈依简称"三皈"，是最基本的入佛教信条，故亦译作"三皈戒"。任何信徒在入佛教时必须先于本师（即接受其入教的比丘或比丘尼）之前受此戒。三皈依即皈依佛，皈依法（佛法），皈依僧。以佛为师，以法为药，以僧为友，对此三者归顺依附。

五戒是五项基本戒条，一切佛教徒均应严格遵守，也是最起码的戒条，受此戒即为信士、信女。这五戒是：不杀生，不偷盗，不邪淫（不与自己妻子以外的人乱搞男女关系，对出家人而言则为断绝一切男女关系），不妄语，不饮酒。五戒的反面是"五恶"，在家二众犯了须深深忏悔。

第四节
护法天神

汉化的诸天

诸天,是佛教中诸位尊天之简称。《金光明疏》:"外国呼神亦名为天。"这是佛经中的一种意译法。佛教中传来的那些外国高级神,统称为"天",尊称为"尊天"。

尊天,是佛教中管领一方的天神,级别相当于人世间的帝王。他们还没有成佛,也不属于正规的佛门人物如菩萨、罗汉等系统。也就是说,他们不是出家人,而是在家的"神",但都是佛法的护持者。他们各有生平,大多出身于南亚次大陆的古老神话传说之中,有的原来身份显赫,地位崇高,出现的时代比释迦牟尼要早很多。可是,佛教传布后,认为"佛法广大,无所不包",把他们都纳入门下。入佛门后,又有了新的履历。

佛法东传,经过西域到中国,其中又有递嬗。汉族向来有容纳但又充分改造外来文化的巨大能力,不断使之归化。到了近代,已将诸天完全汉化。汉化的诸天,一般是20位,称为"二十天"。后来,在佛道争胜的斗争中,有的寺院塑出"二十四天"以至"二十八天",把道教的神也补入诸天之内。现依佛会排列的礼佛次序,将二十天以至二十四天分别叙述如下:

第一位:大梵天。音译,"摩诃婆罗贺摩"。本是婆罗门教、印度教的创

造之神，与湿婆、毗湿奴并称为婆罗门教和印度教的三大神。据《摩奴法典》载，梵天出自"金胎"（梵卵），把卵壳分为两半，创造了天和地，创造了十个"生主"，再由他们协助，完成创造工作。同时，他也创造魔鬼与灾难。他原有五个头，据说被湿婆毁去一个，剩下的四个头面向四方；有四只手，分别拿着"吠陀"经典、莲花、匙子、念珠或钵。通常坐在莲花座上；坐骑是一只天鹅或由七只鹅拉的一辆车。

第二位：帝释天。梵文 Indra 的意译，音译"因陀罗"。本来是南亚次大陆神话中的最高天神，有关他的颂诗占《梨俱吠陀》全书四分之一。据说他统治一切，被尊为"世界大王"。他全身呈茶褐色，能变形。力能劈山引水，掌握雷雨，又是战神。武器有金刚杵、钩子、网。四大天王等全是他的部下。

第三位：北方多闻天王。

第四位：东方持国天王。

第五位：南方增长天王。

第六位：西方广目天王。这四位就是天王殿中供奉的"四大天王"。

第七位：密迹金刚。是手持金刚杵守护佛法的护法神。也就是佛寺入门的山门殿中供奉的护法金刚的原型。

第八位：大自在天。音译是"摩醯首罗"。本是南亚次大陆神话中男性生殖器崇拜者的神，以男根为其标志。据说一切万物都是他生的，原都是他肚里的小虫，大地是他的身体，水是他的尿，山是他的粪便。后来佛教把他改造为护法神。

铜鎏金大梵天

第九位：散脂大将。散脂（散支）全译"散脂修摩"，唐代新译音"半支迦"，意译为"密"（密神），又名夜叉（药叉）大将。北方天王八大将之一，管领二十八部众，有的经说他是鬼子母的丈夫，也有说是鬼子母的二儿子的。汉化寺院中常塑成金刚武将状。许多塑画工匠常把他和密迹金刚作为一组，塑画成哼哈二将式形貌。密迹白面善相，散脂金面（或红面）怒相，各持降魔杵一根。因此，一般人也就把他俩看成哼哈二将了。

第十位：辩才天。音译是"萨罗萨伐底"，为主智慧福德之天神。据说他聪明而有辩才，所以称为辩才天；他能发美音而歌咏，所以称为美音天、妙音天。他的性别，《大日经》说是男天，《最胜王经》和《不空䍗索经》说是女天，阎罗的长姊。一般以女天为准。佛经说，她住在深山里，"或在山岩深险处，或居坎窟及河边，或在大树诸丛林""以孔雀羽作幢旗"。

第十一位：功德天，即吉祥天女。音译为"罗乞什密"（吉祥）和"室利"（女）。出现甚早，在"吠陀"系神话中已见端倪。原为婆罗门教、印度教的命运、财富、美丽女神。据说，她是神魔大战共同搅动乳海时产生的，故又名"乳海之女"。后来她成为毗湿奴大神的妻子，爱神的母亲。常一手持莲花，一手洒金钱如流水。她的坐骑是迦楼罗（金翅鸟）或优楼迦（猫头鹰类动物），有两只白象相随。后被佛教吸收，列为护法天神，主要采取了她掌财富的特点，因为毗沙门天王原是财神，就说她是毗沙门天王的妹妹或妻子。以其施财散布吉祥，有大功德于众，故称"功德天"。

第十二位：韦驮天。

第十三位：地天，又名坚牢地神。梵名比里底毗，据说是夫妇二

如今阎摩罗王已经成单一的阎罗王

第二章　佛教供奉的对象

人。在唐代，刚传来的地天，还常以男天为代表，典型形象是手持宝瓶或钵，中置各色水陆鲜花。有作四臂形的，手持镰、斧、锄、锹，是一个农业劳动者的形象。可是，近代以来，在汉化寺院中常作女神形象，左手持盛鲜花的钵，或持谷穗，象征主管大地和一切植物生长。这女天别名"大地神女"。

据说魔王曾问释迦牟尼佛："汝之福业谁当证明？"释尊将右手直伸下垂，作触地印，表示这一切唯有大地能证明。这时，大地出现六种震动，地神由地中涌出上半身，唱言："我是证明！"魔王及其部下惊散。所以，地天是佛教中有代表性的护法神。这位可是男天。

第十四位：菩提树神。释迦牟尼佛在菩提树下成道，守护菩提树的天女就是此神。据说佛在菩提树下打坐时，如遇下雨，她就用树叶做伞为佛挡雨。据此，她应该是最早的护法神。在汉化寺院中，她的形象特点是手持带叶树枝，作中国青年王妃装束。

第十五位：鬼子母，又名欢喜母，音译"诃梨帝"。有关她的传说多而杂乱，现据《毗奈耶杂事》略述如下：王舍城里有一位独觉佛出世了，开大会庆祝。有五百人沐浴更衣一起去芳园开会，路遇一位怀孕的牧牛女，带着一桶奶酪。五百人鼓动她一起赴会。她一时高兴，跳起舞来，因而胎儿早产。五百人见开会时间已到，扔下这女郎不管，自己去了。女郎一个人困留，新生儿夭折，大为生气，就拿奶酪换了五百个当地产的"庵没罗果"（意译"柰""馀甘子"），在独觉佛经过她身旁时，她用这些水果供养佛。同时，顶礼发恶誓：来世要生于王舍城，吃尽当地人的小孩。

果然她来生生为王舍城娑多药叉的长女，和犍陀国的半发迦药叉结婚，生下五百鬼子。她天天吃城里人的小孩。释尊劝她别吃，她不干，释尊就施展法力，藏起她一个儿子。她哭着闹着找。佛说："你有五百个儿子，只一个不见了，还怜爱寻觅不止。别人只有一两个小孩，你吃了，人家怎么办？"于是她皈依佛法。但提出："今后吃什么？"佛说："你勤心拥护佛寺和僧尼，做我教护法神。我叫弟子们每次吃饭时呼唤你和你儿子们的名字，叫你们来饱食。"在汉化寺院中，她常作中年汉族贵族妇女形象，手抚或怀抱她的五六岁小儿子，这孩子名毕哩孕迦。身边还常围绕着几个小孩。中国唐代以后，流

47

传甚广的目连救母故事中，在目连的母亲身上，可以看到汉化了的鬼子母的影子。

第十六位：摩利支天。摩利支，意为"光"。由"光"的意义引申附会出她会隐身法，说她出现在太阳之前，太阳看不见她，她能看见太阳。没有人能见到她，没有人能捉住她、欺诳她、加害于她。她能用此种隐身法救人苦难。她在神话中出身甚早，后被佛教吸收。

第十七位：日天。各族都有自己的太阳神，南亚次大陆神话中的老日神，音译"苏利耶""修利""修野"等，后来佛教经典意译为"日天""日宫天子""宝光天子""宝日天子"等。据说，太阳里有他的宫殿。自梨俱吠陀以来，他都是太阳神。他的恋人是拂晓女神（可意译为"红霞"）。他是大神之一，乘金色马车巡行天上，驱除黑暗，注视着人类在下界的活动，洞烛幽隐。他的爱人"红霞"永远年轻美丽、有魅力、有朝气，保佑人们多福、多寿、多子孙、有名声。他们夫妇一威一柔，很受人们崇敬。可是后来，在印度教系统中，毗湿奴似乎兼任了太阳神之职，于是，苏利耶夫妇的影子逐渐变淡了，佛教却没有忘记苏利耶，承认他为日天，收他为护法神。

第十八位：月天。各民族也都有自己的月神。南亚次大陆的月神，在发展中屡经变化。佛教认为的"月天"，是 Can‒dra，音译"旃陀罗""战达罗"等。因为大势至菩萨与观世音菩萨同为阿弥陀佛胁侍，日宫天子已为观音变化身，所以，《法华经》的注释者就说，月宫天子是大势至的变化身，名宝吉祥。密宗给月天规定的打扮是白脸膛，持上有半月形的杖，驾三只鹅拉的车。他也有妃子，也是白脸，持青莲花。因为月中黑影太像兔子的侧影，所以各民族都有月中兔的传说。

佛教的本生故事改造了古代神话，说释尊前生曾为兔，与猿、狐为友。帝释天要考验释尊（时居菩萨位）的德行，化为老夫，向三兽求食。狐衔鱼，猿献果，独兔无所得，乃投火自焚，以身贡献。帝释天受感动，就将兔身送入月轮，传于后世。次大陆的月亮神话，远没有中国的嫦娥奔月、玉兔捣药、吴刚伐桂那一系列故事美丽、神奇与深入中国民心。月天，对中国人来说，也以女天为容易接受。

第二章 佛教供奉的对象

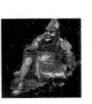

第十九位：水天。音译"缚噜拏"，是一位在吠陀神话中已出现的老神，本来神权极大，掌管天上地下，是大神。后来权力逐渐被别的神夺去，佛教产生前后，他只剩下一部分制海权，成为西方大海中海王国之神，也就是南亚次大陆的"龙王"。

又有一说，指娑竭龙王。音译"娑竭罗""娑竭罗龙"，意译是"咸海"。这是另一位"龙王"，这位龙王本是南亚次大陆传说中掌管水蛇的海王。佛经中说，在他的宫里供奉着法宝，如佛舍利、佛经之类，所以是护法神。不论原指水天还是娑竭罗，在中国近世都统一汉化成中国式的龙王。佛、道两教所供形象差不多，常作中国龙头类造型，身穿帝王服。

第二十位：阎摩罗王。意译是"双王"。据说，他们是兄妹俩，都是管理地狱之王，兄治男犯，妹治女犯，故称"双王"。原为南亚次大陆神话中管理阴间之王。《梨俱吠陀》中即已出现，佛教沿用其说，称为管理地狱的魔王。中国民间所传说的阎罗王即来源于此，据说他属下有十八判官，分管十八地狱。

一般寺院供奉的正规诸天，即指以上的20位，总称"二十诸天"，简称"二十天"。在佛道争胜又互相融合的过程中，近代某些寺院将诸天的队伍加以扩充，成为"二十四天"。下面就把后加的4位略作介绍。

第二十一位：紧那罗。梵文Kimnara的音译，意译"音乐天""歌神"。紧那罗不是一个，而是一族。在佛教中只能算二流神（二十天都可算第一流神），属"八部众"系统。"八部众"是八种（八族）小神，它们是：天众、龙众、夜叉、乾闼婆（又名"香神"或"乐神"）、阿修罗、迦楼罗（金翅鸟）、紧那罗、摩睺罗迦（大蟒神）。其中神、鬼、动物夹杂，每族人数众多，地位均不高，但出身较早，历史情况复杂，属于佛教改编过来的杂牌队伍、外围组织。因以天众、龙众为首，故又称"天龙八部""龙神八部"。据说紧那罗像人，可是头上有一只角，所以又叫"人非人"。又据说，紧那罗中的男性也有马头人身的。不论戴角还是马头，他们都能弹琴，会唱歌。他家的女孩子生得端庄美丽，能歌善舞。常嫁给门当户对的乐神乾闼婆家小伙子为妻。当紧那罗男性弹琴唱歌赞美佛法时，须弥山震动，诸天声闻不安于座。他家女人唱歌时，五百仙人在飞行中醉落地。另据中国的传说，有一位紧那罗

49

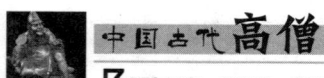

成佛后化为少林寺香积厨火头老和尚，教众僧使用三尺拨火棍退敌，传下少林棍法。过去少林寺所供即此形象。

第二十二位：紫微大帝。有的材料则作玉皇大帝，都是道教对天帝的一种尊称。常作中年帝王像。

第二十三位：东岳大帝。中国古代早有泰山神，据说治鬼，是中国古代神话传说中地府的主宰。道教又把他变成五岳尊神之首，称为东岳大帝。《封神演义》中又造出一个封为东岳大帝的武成王黄飞虎。这位天神就成为以上诸种因素成分不等的奇妙混合。常为苍老帝王像。

第二十四位：雷神，就是雷公的头儿。南亚次大陆和中国古代神话中都有雷神。道教则认为雷神是原始天尊的第九个儿子——九天应元雷声普化天尊。在汉化佛寺与道观中，他的典型形象多为蓬头怒发仁丹胡式鬼形，披甲，手持劈山斧。部下有打顺风旗的风伯，手持锤凿背生肉翅的雷公，手持两面钹式铜镜的电母等，都是从中古以来汉族迷信传说中衍化而出，被道教首先吸收发展改造过的。

以上三位，本属道教系统，被佛教借来装点门面，道教徒啧有烦言。有识的佛教徒也认为不必多此一举。所以，严肃认真的佛教徒都只承认"二十天"，而不承认"二十四天"。

天龙八部

佛教是一个兼收并蓄的多神教。其神系之庞杂，神祇之繁多，在各种宗教里无与伦比。因为它最善于把别的教门的崇拜对象吸收进来，充当佛陀的护法神，从而壮大佛教的声威，抬高佛陀的地位。

"天龙八部"正是一支被佛教收编的杂牌队伍。"八部"者，为首的是天，其次为龙，龙以下依次为夜叉、乾闼婆、阿修罗、迦楼罗、紧那罗、摩睺罗迦。这些角色，几乎全部来自古印度的婆罗门教和各种外道。

"天龙八部"以"天"为首，指的是二十诸天和其他一些杂号天神。所谓天，在佛经里至少有两重含义。其一，天是有别于人间的美好境界。清净光明，出微妙音，香花玉食，珠宝绮罗，最善最乐，得大自在，故名为天；

其二，天又是有别于凡人的神名。既然为神，当然住在天上，故亦称天神为天。是什么神，就叫什么天。

天龙八部中的"天"，指的正是后一重含义。其著名者，有大梵天，原为婆罗门教的创世神；帝释天，原为雷雨神兼战神；多闻天、持国天、增长天、广目天，分别为须弥山腰四侧四大部洲的主宰，合称四大天王。大自在天，即人以至万物之生殖神；吉祥天，即主人间富贵之神；妙音天，即主音乐之神。此外，还有主管衣服、侍卫、预知生死的天神，不胜枚举。

至于龙，前面讲二十天时已经说过，南亚次大陆的"龙"，大约也是一种水陆两栖的大型爬行动物，能在海中或其他水域称王称霸。它与中国龙的长相很不一样，但既译成"龙"，中国人就很容易用自己心目中的龙来加以理解，把两个由不同的民族中产生的相似的概念融为一体，从而丰富了中国龙的概念的内涵。《吕氏春秋》谓龙能致雨。《礼记》把龙与麟、凤、龟合称为"四灵"。《说文》解龙为鳞虫之长，能幽能明，能细能巨，能短能长，春分而登天，秋分而潜渊。《广雅·释诂》称龙为君，是帝王的象征。总而言之，龙是一种圣物。佛经里的龙却是佛法的护卫者，并且拥有大量的珠宝，是海里的富豪，这是传统的中国龙所不具备的属性。佛教在中国普及以后，民间故事中关于龙王和龙宫的描述，就明显受到佛经的影响。

夜叉也译作"药叉"，意译是"能啖鬼""捷疾鬼"。原为南亚次大陆早期神话中的一种小神灵。其母出身低下，有说是财神俱毗罗家的女仆，有说是大神毗湿奴的女仆。对其父也传说不一，大致是天神中尊贵者之一，有说是大梵天的。总之，夜叉是贵父贱母结合的产物。他的本性中似乎有善恶两面。佛教中常作为北天王的眷属出现，可能因其母系与财神有关而致。佛教传说中常宣扬他恶的一面，汉化佛教尤甚。据说他面目狰狞，行动轻疾，能腾飞，有吃人的恶习。故而中国民间对相貌丑陋而又凶恶的妇人称为"母夜叉"。

乾闼婆：是梵文 Gandharva 的音译，意译是"香神"或"乐神"。他和前述二十四天中增补的紧那罗（歌人），原来都是伺候帝释天的音乐之神，一个奏乐，一个唱歌。他们各有一族，后来佛教收容了他们。在南亚次大陆的早期佛教雕塑中，他们就常作飞行姿态在佛的上方出现。到了西域，有的插上了翅膀，这就是原始的飞天，是佛家伎乐供养之神。汉化佛教将其翅膀取消，纯靠云气烘托，衣角、飘带飞舞，在云端上下飞翔，这是中国人的艺术创造，是汉化的飞天。

阿修罗（Asura）：原为南亚次大陆古代恶神，据说有四个大王，其中最强有力的大王名叫罗睺罗，意译"覆障"（遮蔽日月），与释尊的儿子同名，但非一人。阿修罗这一族中，男的长得都很凶恶，女人却都十分漂亮。特别是王女舍脂公主，有倾国倾城之貌。

迦楼罗：是梵文 Garuda 的音译，意译为金翅鸟。据说他的两翅相距336万里，我们这个世界仅能容下他一只鸟爪。据说他每天要吃一条大龙和五百多条小龙，按日轮番吞食四天王所护的四个天下的龙。一时消化不完，就把龙暂存在自己的嗉子里边。中国人经常把他同《庄子》里的鹍鹏混同起来。汉化的金翅鸟在《西游记》和《说岳全传》中都有很生动的描述，甚至说岳飞是大鹏金翅鸟转世，这当然是神话，不过也说明，中国人心目中的大鹏金翅鸟是一种益鸟。

摩睺罗迦：是梵文 Mahoraga 的音译，意译是大蟒神。是用胸和腹部行走的神，所以肯定是一种蛇。据说他是蛇首人身，可能是对南亚次大陆古代神话中某种蛇神的改造，但对于他的本源，现在已经很难研究清楚了。在汉化佛像中不常见到他，仅在壁画像中有时出现。

大明王

据说，佛和菩萨在教化众生的时候，对十分不听管教的，就要变化成满面怒容的天神武将形象加以调伏，也有个别作慈悲相的。这类佛和菩萨的变化身称为"明王"。密宗自北宋以后衰微，所以汉化寺院中很少见到明王塑像，水陆法会的画像里倒是有一些。在现代的日本寺院中，明王像很多，香火也很盛。在中国只能到石窟等处去找了。

究竟有哪些明王，说法不一，名称各异，现在姑且把四川大足宝顶山大佛湾第 22 号宋代摩崖造像的十大明王名号具录如下：

  大秽迹明王：释迦牟尼佛所化；

  大火头明王：卢舍那佛所化；

  大威德明王：金轮炽盛光佛所化；

  大愤怒明王：除盖障菩萨所化；

  降三世明王：金刚手菩萨所化；

  马首（头）明王：观世音菩萨所化；

  大笑金刚明王：虚空藏菩萨所化；

  无能胜金刚明王：地藏菩萨所化；

  大轮金刚明王：弥勒佛所化；

  步掷金刚明王：普贤菩萨所化。

铜鎏金马头明王

  这些明王的形象大都是多头多臂，常为三头四臂或三头六臂，手执种种武器和佛经，表示软硬兼施之状。另有一种大孔雀明王，常作慈悲中年女相，骑着一匹孔雀。《西游记》中称其为"佛母孔雀大明王菩萨"。

僧服

僧家常服另有三种，即小褂、中褂和长褂。

小褂属于"内著衣"，与中国农民常穿的小褂式样差不多，中式立领，有二至四个贴兜（常为靠下的两个兜），过去用扣襻在中间扣拢，现在多改为纽扣。它的长度到腰部，又称"短褂"。

中褂又称"罗汉褂"，式样和小褂相同，长到膝盖，一般有上下左右四个兜。这两种是僧人最常穿的常服，一般都配中式的褂裤，裤腿用脚绷（又叫"行缠"）扎紧，并和长筒布袜子扎在一起，这就必须穿僧鞋了。一般的僧鞋有布鞋、麻鞋、草鞋，常见的式样是"洒鞋"式，还有"八搭麻鞋"式。

长褂又称长衫，仿古代斜领常服变化而成。特点是在斜襟上割截成小块，作为"福田""衲衣"之象征。

第二章

僧人的生活

衣食住行是人类的常规生活模式,人类从出生便在家庭、社会、学校等周遭环境中逐渐养成一定的生活习惯。

僧人出家后的修行同样离不开衣食住行的生活,但有着与世间的不同之处,他们受到一些清规戒律的限制。而真正的寺院生活也并非常人所想的那么清静悠闲,其实僧人的生活十分清苦,但同时也非常规律、有节奏。

第一节
僧人的制度

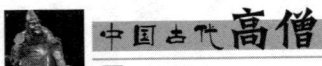

僧人的经济来源

佛教把人世的生活分为世间和出世间两种。"世间"是世人，即佛教说的俗人生活。佛教认为：世间人出于无知，在情欲驱使下，追求物质生活，这种充满着对物质享受的追求，是人间世界一切烦恼、痛苦和罪恶的根源，世人终身不能摆脱它们；而超脱世间，远离父母亲情，断绝夫妻婚姻，摆脱尘世的一切物欲的拖累，出家修行，即"看破红尘，遁迹空门"，才是人生的真正归宿。佛教主张过"出世间"的生活，中国僧人也遵循着这一说教。

寺院经济是中国佛教赖以存在和发展的唯一稳定的基础；而中国寺院经济的基础又主要是寺院的土地和庄园。

中国寺院拥有土地始于何时没有明确的记载，但至晚在东晋时代，寺院就逐渐拥有自己的田产。据《高僧传》载：东晋时代的著名僧人，慧远的师傅道安（314—385年），"年十二出家，神智聪敏而形貌甚丑，不为师之所重，驱役田舍至于三年，执勤就劳曾无怨色"。这说明，在道安时代寺院就有了田产。

到南北朝时期，皇帝及王公贵戚向寺院舍田的记载屡见于史书，如刘宋元嘉年间（424—453年），散骑常侍范泰为僧慧义建祇洹寺，并以果竹园60亩施寺。梁武帝敕建大爱敬寺，赐寺良田80余顷，梁中书令徐勉将自己田园的一部分施舍给宣武寺。

第三章 僧人的生活

这种由皇帝及贵戚宰臣向寺院赐田或舍田的记载，到隋唐时期就更为普遍。如隋开皇十二年（592年）下诏"于诸州名山之下各置信寺一所，并赐庄田"。唐朝初年，李世民在当年战阵之处修建7所寺院，并赐给每处寺院"家人、车马、田庄"。唐初著名僧人玄奘回国后在长安西明寺翻译佛经，皇帝赐庄田百顷，车马50台。唐玄宗时，金仙公主将范阳县东南上城村"赵襄子湜中麦田、庄并果园一所及环山林麓……永充供给山门所用"。（《金石萃编》卷八三）正因为有这些情况，至唐武宗时，寺院拥有的肥沃良田，就多达"数千万顷"。在宋朝，特别是南宋，皇室及贵戚向寺院赐田的记载一直没有中断，这里不再一一例举。

寺院的田产的另一个来源是信徒的施舍。这些信徒包括已出家的僧尼和在家的居士。早在晋义熙年间（公元405—416年）就有寺院周围的村民，因信奉佛教将自己的田园舍为寺产的记载。在宋朝，还有这种情况，一些出家的僧尼，在出家时连同自己的资产田地一起舍入寺院。如明州鄞县天寿保国接待院住持大连，其家初以水田150亩资其出家。成都超悟院僧人文英，出家前经商，富有资产，后信奉佛教，乃捐弃所有家资，弃妻出家。他用这些资产及其他信徒的施资，为超悟院置田300亩。这种僧尼所舍的田产，一般说数量不大，而一些信奉佛教的官僚地主，他们舍入寺院的田产数量则相当巨大。如宋初后蜀节度使田钦全及妻郭氏，于建隆年间（公元960—963年）将自己的全部田产舍入寺院，其总数达8546亩。又如南宋初年，径山寺僧了明一次募化大财主杨和王在苏州的庄田13000亩。

寺院土地的第三个来源是购买。自东晋南北朝起，佛教寺院就不断得到最高统治者及广大信徒大量财产的施舍，寺院因此而积累了相当数量的资金，这些资金就为寺院有可能购置田产创造了条件。寺院田产还有一种重要来源是垦植开荒。中国寺院除建在城市外，还有相当一批是建在风景优雅的名山胜地。这些寺院建在偏僻、人烟稀少、有许多荒山荒地的地方。僧人们在修行之暇，开荒种菜种粮等，这种开垦出的土地自然就成为了寺田。寺院的垦荒活动还表现为寺院提供资金、农具，由依附寺院的农民进行的垦殖事业，其突出的事例就是北魏时兴起的"僧祇户"制度。

佛教寺院就是通过上述种种方式获得大片土地的。关于寺院广占田地的情况，早在北魏时就有"所在公私田宅，多为僧有"的记载。在唐朝，则更有记载说："凡京畿之丰田美利，多归寺观。"发展到宋元以后，寺院占地的规模越来越大，南宋时"明州、临安、径山等寺常住膏腴多至数万亩"（《建炎以来朝野杂记》）。在辽代，有一昭华寺，其拥有的寺田540顷，核算也在万亩以上。不难想象，这样规模的寺院实际上就是一座庞大的庄园。

据记载，在寺院的庄园里，除种植业的基本收入外，还有其他各种收入，其中工业作坊和商业活动的收入是相当可观的。从敦煌发现的寺院账籍中知道，敦煌净土寺仅碾硙一项收入就相当于粮食收入的1/3。在宋朝，江南诸寺拥有碾硙一类的作坊是极为普遍的，他们为寺院带来的收益也很高，有所谓"机轮激水，为无穷之利"。除碾硙业外，寺院从事的手工业活动还有油坊、制砚、制墨、冶铁、冶银、制铅粉、纺织、刺绣、饮食、船坊、制茶、印刷、造纸等。

寺院的商业活动包括旅舍、店铺以及典当、钱庄一类的高利贷业。旅舍、店铺又称"邸店"，是寺院利用大批房产开办的店铺、旅馆或货栈一类的商业建筑。唐武宗会昌五年（公元845年）的一道诏令就曾指出："即有富寺……私置质库、楼店，与人争利。"在宋代，有的大寺拥有邸舍多达数百间，并以此租金作为日常开支的费用。在寺院如上的诸种商业性活动中最引人注目的是长生库和无尽藏。长生库实际上就是寺庙的一种高利贷活动，对此，宋朝著名诗人陆游在《老学庵笔记》中明确指出："今僧寺辄作库质钱取利，谓之长生库，至为鄙恶。"寺院将积累起来的大量钱财作为资本放债，从中取利。这种高利贷活动在唐代称"质库"，在宋朝则出现一个专门的名称"长生库"。长生库的设置在宋朝江南的寺庙中是极其普遍的。

僧人虽是以追求出世间的生活为理想，但却无法摆脱作为人的最基本的生存条件，而且随着时代的发展，中国僧人不断增加，寺院的规模不断扩大，以寺院为中心的僧人集团实际上已是一个有着相当规模的社会组织。要维持众多僧人的基本生活需要，要使佛教寺院这样一个社会组织能正常运转，就必须有雄厚可靠的经济来源，这就是中国寺院经济存在和发展的必然性。寺院经济是佛教寺院存在和发展的唯一可靠的物质保证。本以追求"出世"为

第三章 僧人的生活

理想的佛教僧人，不得不与"世俗"为伍，"或垦殖田圃，与农夫齐流；或商旅博易，与众人竞利"，从而走上与他们的理想背道而驰的道路。

僧人的衣

应该说，僧人与常人最大区别在于衣着上，"剃落须发""变服异俗"这就是说作为一名僧人首先要做到的一条就是改变俗人的形象。即使其他各项条件都已具备，如果不按照佛教的要求改变自己的形象，也是不能允许出家受戒的。所以佛书中有这样一些话："变俗易服为入道之初门"（唐僧道宣《释门章服仪》）；"剃发割截染衣是其相""三衣者，贤圣沙门之标志"（宋僧法云《翻译名义集》）。剃发就是头发和胡须都要剃光。佛教规定，僧人的头发，不管是男是女，自出家始就要剃光；之后，"半月一剃，此是恒式"（《翻译名义集》），最长不得超过两个月，称"净发"。一般说，僧人的头发不得超过两指长（两个指头并起来的宽度），这是首先要做到的。其次就是要

身着素雅僧衣的僧人

按照规定穿僧人的服装。佛教认为，不改变服装，僧人就不能达到"显其道""光其仪""非异俗"的目的（《释门章服仪》）。

根据戒律的要求，佛教对僧人服装的样式、颜色、制作的方法及面料都有严格的规定，割截染衣、三衣就是僧人的基本服饰。佛教认为，僧人的衣着只是为了达到御寒的最低要求，同时也要体现断除一切贪欲，超越凡心的目的。因此，凡是世俗社会追求的绮丽豪华，正是佛教反对的；凡是世俗社会轻贱、抛弃的破烂衣，又正是佛教追求的。所以，佛教僧人的衣服是以轻贱为标志，有"三贱"说，即一体贱，也就是穿被世人遗弃的衣服，佛教称"粪扫衣"。在古代印度，把火烧坏、牛嚼过、鼠咬过及死人的衣服当作垃圾抛弃，视同粪秽之物，故称"粪扫衣"。僧人们要将这些衣服拣回来，经过洗浣缝治穿用；二色贱，即僧人衣服的颜色只能用染色，这种颜色不是正色，为社会俗人轻贱，因此，僧服又称"染衣"；三刀贱，即僧服是用剪刀将整块布剪成许多零碎的小块，再缝合起来的。这一方面表明僧人与世间种种贪欲割断的决心，也是佛教僧人区别于其他外道服装的一种特征。这就是所谓的"割截染衣"。

佛教僧人衣服的一个总的名称叫"袈裟"，又称"法服"。袈裟意译"不正色""坏色"等，是从颜色上为僧人衣服定的一种名称。佛教认为：青、黄、赤、白、黑五种色是纯色，为正色；另外，绯、红、紫、绿、硫黄五种颜色称"五间色"。这些颜色"锦色斑绮，耀动心神"，是世俗社会竞相追逐的颜色，"皆非道相"。因此，从佛教初创的时代就规定不能用，只许用经调染过的颜色，即破坏了正色的颜色，故称"坏色""杂色"或"不正色"等。这些颜色通常指如下三色：铜青色，类似于青褐色；泥色，又称皂色、苍褐色；木兰色，指赤黑色。这三种颜色被称为"法色"，即僧服区别于俗人服装的服色。袈裟就是染色衣，是从颜色而定的僧衣的一个总的名称，是僧衣的一个方面的特征。袈裟还有道服、离尘服、出世服、莲花服等多种名称及其他特征。

具体说，僧衣又分为三种，这就是三衣。唐道宣在《佛制比丘六物圈》一书中说：佛教僧人"但三衣一钵，不蓄余长"，即佛僧穿着的衣服基本上是三衣。

三衣之第一种"僧伽梨",意译为"大衣""重衣""杂碎衣",是僧人出入王宫、升堂说法、去聚落乞食、降伏外道等场合穿的衣服。它由 9~25 条布缝合而成。大衣的条数是依僧人的财力而定,如果财力充足就可缝制条数多的大衣,如果财力不足,则可依律递减。所以大衣又分为三品九种:下品分为 9 条、11 条、13 条三种,每条布再截成两长一短三块,依两长一短,一短两长的顺序缝合起来。中品分为 15 条、17 条、19 条三种,每条布再截成三长一短四块,依三长一短,一短三长的顺序缝合起来。上品分为 21 条、23 条、25 条三种,每条布再截成四长一短五块,依四长一短,一短四长的顺序缝合起来。由此可知,大衣的品级越高,其割截的条块越多,其所用面料也越多,其制作的难度和费用也越大。

第二种称"郁多罗僧",意译"七条衣""上着衣""入众衣""中价衣"等。僧人礼佛,修忏,诵经,坐禅,赴斋,听讲,安居自恣(自我反省)及一切集僧众办事的场合均穿这种衣服。它由七条布缝合而成,每条布割截成两长一短三块,依两长一短,一短两长的顺序缝合起来。

第三种称"安陀会",意译为"五条衣""内衣""中宿衣""下衣""杂住衣"等。凡是在寺中执劳服役、外出往返,应当穿这种衣服。它由 5 条布缝合而成,每条布再截割成一长一短两块,再依一长一短,一短一长的顺序缝合起来。

三衣缝合后,于"四周安缘",即锁边;在四角"安揲",即穿着时用的钩和纽,在身前的是钩,在身后的是纽。三衣没有领子和袖子,是依靠钩和纽披搭在身上。披搭时,将衣搭于左肩,坦露右肩右臂,然后用身前衣角的钩与身后衣角的纽相挂即成。

佛教规定,三衣是僧人必须具备的基本衣服,僧人行住坐卧必须与三衣同在,就像飞鸟的翅膀和羽毛不可与鸟身分开一样。如果人衣异地就是犯戒;如果外出,不穿三衣进入村落,就要按戒律处罚。在佛教看来,三衣象征三业(即僧人身、口、意三种行为)清净。五条衣断贪身业,七条衣断瞋口业,大衣断痴心业(贪、瞋、痴,佛教称为"三毒",是人生一切烦恼的根本。贪指贪欲;瞋,又作瞋恚,指忿、恨、恼、嫉、害等行为;痴,即愚昧)。三衣将布料割截成许多碎块,或者用碎布一块一块缝合起来,从而呈现出一种田

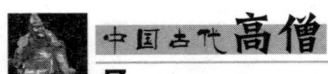

畦蓄水的相状，以此象征福田。它"润以四利之水，增其三善之苗，养以法身之慧命"（清僧读体《传戒正范》），即表明三衣能为僧人及众生增长善因和智慧。因此僧人要把三与身后衣角的纽相挂即成衣看作自己的皮肤一样，时刻不能离身并细心加以保护。

为适应中国的气候，中国僧人的衣服逐渐世俗化。发展到唐朝，在三衣以外，僧人平时的穿戴已与俗人相仿，即穿一种圆领大袖的僧服。这种僧服在夏天有单衣，在春秋有夹衣，在冬天有棉衣。僧人不再穿裙子而改穿裤子。在唐朝以后，又形成一种称作"海青"的礼服。它是一种袍服，袖子特别宽大。据考证，"海青"一词出自李白的诗句"翩翩舞广袖，似鸟海东来"。诗中说的自"海东"而来的鸟称"海东青"，所以将这种"广袖"的袍服称"海青"。这种宽袍大袖的海青本是唐人的一种礼服，但随着时代的变迁，世俗人的服装早已发生了变化，而僧人还在穿，并一直维持这种礼服的原式不变，因而海青就成了僧人特有的服装。僧人平时出入寺院都穿这种衣服，遇有法事活动，则在海青外再穿袈裟。海青一般以灰色为主，也有黄色的。

在印度，僧人赤脚走路，不戴帽子。佛教传入中国后，不穿鞋袜不行，中国僧人的鞋称"鞡鞞"，是一种短腰的靴子。在冬天，僧人还戴帽子。这种帽子又称"头巾""裹头"，是用布做成的一种盖头，裹在头上。此外，僧人外出时，还常戴斗笠，故《敕修百丈清规》"入院条"中，有游行僧至寺院山门前"下笠"的规定。

僧人的饮食

佛经中有这样的话：如是世界十二类生不能自全，依四食住，所谓段食、触食、思食、识食。是故佛说：一切众生皆依食住。（《楞严经》）任持名食，谓能任持色身，令不断坏，长养善法。身依食住，命托食存，流入五脏，充浃四肢，补气益肌，身心适悦。（《佛地论》）就是说，佛教也认为人的生命是靠食物来维持的，只有食物才可以维持人的肉身存在。因此，佛教对僧人的饮食是十分重视的，并有着显然是区别于常人的一些特殊的制度。

佛教对僧人的食分为三种，一称"受请食"，即僧人受施主（即檀越）

邀请，到施主家就食；二称"众僧食"，即僧人在僧众中共同进食；三称"常乞食"，即穿戴僧服，带着乞食的钵盂，到村落挨门乞讨食物。

在印度，在佛教创始初特别推崇乞食，认为受请食和众僧食都是被动的进食，会产生烦恼。比如施主请某僧就食，某僧就以为自己是有功德的僧人，受之应当；如果不请则产生怨恨，或者认为不请是自己功德浅薄，从而产生自卑的心理。众僧食要服从统一的规定，要进行种种准备工作，费思劳神，使身心散乱，妨害修道等。因此，初期佛教以乞食为本，认为常行乞食才是清净的"正命"，即正确的维持生命的方法。佛教认为乞食有四种好处：一是福利群生，即通过乞食，使施食者生慈悲心，从而增长善根；二是折伏骄慢，即通过乞食这种被认为是下贱的行为，使僧人的骄慢心得到克服；三是知身有苦，即通过乞食体验人生的痛苦，从而断除贪爱等欲望；四是除去滞着，即乞食只为保持身命，知足而乐道，从而不为世情及诸种杂务所累。

僧人乞食在佛书中还有"十法"说，又称"十为"，即"一为摄受诸有情，二为次弟，三为不疲厌，四为知足，五为分布，六为不耽嗜，七为知量，八为善品现前，九为善根圆满，十为离我执"。（《翻译名义集》）乞食是为了资养生命，使善根圆满，远离贪爱；通过不分贵贱，不分男女老少的挨门乞食，使僧人增长平等心；不知疲乏和厌倦的乞食，使僧人增进精进心；乞食使僧人不生好逸恶劳的想法，知足常乐，心境平和。佛书还讲，僧人讨来的食物，一般说要分为四份，不能完全自用，一份给寺院中有病或无法乞食的老弱僧人，一份分给穷人，一份敬奉鬼神，一份自食。

在佛教关于僧人饮食的制度中，还有一条更为重要的规定就是"过午不食"。这一条在佛教的戒律中称"非时食戒"；在我国翻译最早的一部佛经《四十二章经》中又称"日中一食"。过午不食，即日过正午就不能再乞食和进食，一天只进食一次，哪怕"午时日影过一发一瞬"也是"非时"。如果在非时乞食和进食就是犯戒。佛教认为，从早晨至日中为"时"，从日中至后夜为非时，所谓"以日初出乃至日中，明转盛，中则满足，故名为时；从中至后夜后分，明转灭没，故名非时"。（《翻译名义集》）佛教把日中午时作为僧人进食的一个时间界限。当太阳在中天时，既是时，又是非时。如果在午时进食，当进食到吞咽食物的瞬间，已是非时了，所以这时进食也已是犯戒了。

佛教关于过午不食的规定是十分严格的。据《舍利弗问经》讲，如果有施主在"非时"向僧人供食，或僧人在这一时间向施主乞食，他就是破戒，视同盗窃了人家的财物，而施主也不会得到任何福德。如果僧人在"时"时乞得食物，在"非时"再食，更不容许。这种行为被认为是"大劫盗，是即饿鬼，是罪窟宅"，就不是佛家弟子。在非时进食，哪怕是"一团、一撮、片盐、片酢"，死堕焦肠地狱，吞热铁丸；从地狱中出猪狗中，食诸不净；又生恶鸟，人怪其声；后生饿鬼，还伽蓝中，处都厕内，啖食粪秽。

佛教传入中国之初，依据戒律僧人是允许吃肉的，至南朝梁武帝时代，中国僧人吃鱼肉还是极为常见的事。

梁武帝在《断酒肉文》中一再指出当时僧人食鱼肉的情况，说他们或以"年事已高"，或以"肉非自杀"而"啖食鱼肉"；还说僧人"以钱买肉，亦复非嫌"。梁武帝根据当时流行的大乘经，如《大般涅槃经》《楞严经》等经文中诸如"不餐酒肉，以火净食""夫食肉者断大慈种"等内容，以及佛教关于业报轮回的理论，撰写了四篇《断酒肉文》（文见《广弘明集》卷二六），第一次提出禁止僧尼"食一切肉"的主张。他认为僧尼嗜食酒肉是"违于师教"；是"自行不善，增广诸恶"，是"违背经文"，是"披如来衣，不行如来行"，是与"盗贼不异"的假僧人的行为。他出于虔诚的信仰，为了使众僧"远离地狱"，便以皇帝的权威，下令严禁僧尼饮酒食肉。为此，他召集僧尼1448人于皇宫"凤庄门"集会，亲临会场，令"耆阇寺道澄"宣唱《断酒肉文》。文中除揭露僧人食鱼肉及饮酒的种种劣迹外，就是借"王法"一再申述禁断酒肉的旨意，所谓"若复有饮酒、啖肉，不如法者，弟子（即梁武帝本人）当以王法

僧钵

第三章 僧人的生活

治问"。而且"唯最老旧者，最多门徒者，此二种人最宜先问。何以故？治一无行小僧，不足以改革物心，治如是一大僧，足以惊动视听"。正是在这种强制性的措施下，形成了中国汉地僧人素食的制度，并一直坚持至今。要说明的是，吃素的制度唯中国汉地僧人独有，世界各国，包括我国蒙、藏及傣族等少数民族的佛教僧人都允许吃荤。

中国僧人吃素，不只是不食鱼肉，还包括不食"五种辛菜"，佛教称为"五荤"，指五种有辛辣味的蔬菜，即葱、蒜、韭、薤、兴渠。韭，即韭菜，薤，似韭；兴渠，据说生长在于阗，味同大蒜，汉地没有。据《楞严经》讲，这五种辛菜，"熟食发淫，生啖增恚。如是世界食辛之人，纵能宣说十二部经，十方天仙嫌其臭秽，咸皆远离"。大乘律典《梵网经》则说："是五种一切食中不得食，若故食，犯轻垢罪。"

僧人不得饮酒是佛教通行的一条根本大戒，五戒、十戒及具足戒中都有禁止饮酒一戒，这表明，无论是在家的居士，还是初出家的沙弥，以及比丘僧都不准饮酒。据戒律规定，饮一滴酒也是犯戒；甚至手拿酒器请别人喝酒都不可以，这种行为要得到"五百世无手"的报应。佛教认为饮酒会造成十大过失，即一颜面失去常态，没有善相；二威仪不整，为人轻贱；三眼视不明，昏昧不辨色境；四恣意忿怒，现瞋恚之相；五破费产业，散失资财；六饮酒过度，致生疾病；七酒醉发狂，与人争斗；八弃舍善法，丑名恶声；九昏迷愚痴，智慧减少；十恶业日增，终堕地狱。此外，还有"三十五过""三十六失"等说法。总之，饮酒能使人心多生纵逸，不能自守，从而引起种种过失。

佛教对饮水一事也十分重视。因为病从口入，饮用不干净的水会妨害生命。佛教将水分为三种，一称"时水"，即当时饮用之水，此水必须过滤，认为可用才饮；一称"非时水"，即当时不用，储存起来供以后饮用。这种水经过过滤后，要盛放在一个清洗过的净瓶中，上面加盖，安置在一个干净的地方，需用时要再三漱口后才能饮用；一称"触用水"，即专门用于洗手或清洗器物用的水。这种水要有专门器具盛放，不能与净水放在一起，更不能饮用。

佛教把饮用未过滤的有虫的水认为是犯戒，称"饮虫水戒"。佛教律典中有这样一个故事：有两个比丘，结伴前往佛所在地。路途中口渴难忍，走到一水井前,一比丘汲水便饮;另一比丘见井水中有虫不饮。饮水的比丘问道:"你为何不饮?"回答说:"世尊所定戒律,不得饮有虫之水。"饮水的比丘劝说:"长老但饮无妨,不然就渴死了,还能见着佛么?"回答说:"我宁可死了,也不能破坏佛所制定的戒律。"结果干渴而死。饮水的比丘一人来到佛所,述说了以上情况。佛说:"那位已去世的比丘已升三十三天,成就了天身。你虽然见到了我,但因为放逸自己的行为,不遵守戒律,已离我更远了。"

这一故事说明佛教对僧人饮水是非常重视的。正因为这样,僧人在受具足戒后,要像三衣一样准备一件滤水囊,外出时随身携带,以便过滤饮用水。佛教传入我国后,最初的传播中心是以洛阳为代表的京畿首府;一些外籍僧人应邀来华,是作为宾客受到接待的,因而从一开始就有固定的住所,称"寺"。据《魏书·释老志》记载:东汉初年,汉明帝"遣郎中蔡愔、博士弟子秦景等使于天竺,写浮屠遗范,愔仍与沙门摩腾、竺法兰东还洛阳⋯⋯汉因立白马寺于洛城雍关西,摩腾、法兰咸卒于此"。洛阳白马寺相传是中国最早的一座佛教寺院。中国佛教寺院从一开始就形成了一种传统的宫殿式建筑,崇尚豪华。正如我国最早的一部寺志,北魏杨衒之撰写的《洛阳伽蓝记》记载:

晋永嘉惟有寺四十二所,逮皇魏受图光宅,嵩洛笃信弥繁,法教逾盛。王侯贵臣弃象马如脱屣,庶士豪家舍资财若遗迹,于是招提栉比,宝塔骈罗。争写天上之姿,竞模山中之影;金刹与灵台比高,广殿共阿房等壮。

总之,在中唐以前,中国佛寺已初步形成一种宫殿式的格局,极尽富丽堂皇之能事。一般说当时的佛寺都包括七种基本建筑:一佛塔,安放佛舍利及其他圣物处;二佛殿,供奉佛、菩萨的殿堂,为寺庙的中心建筑;三讲堂,或称"法堂",是讲经说法的地方;四和五为钟、鼓楼,悬挂钟鼓的楼阁,僧人的各项事务均以钟鼓声为号;六僧房,僧人的宿舍;七斋堂,用餐处。这种格局被称为"七堂伽蓝"。

中国佛教寺院的如此耗费,在唐代引起朝野严重不满,被称为"千古之蠹源"而屡遭非议,并引起一次由唐武宗发动的大规模排除佛教的运动。在这种历史背景下,佛教寺院在唐代中叶以后,由于禅宗的兴起而发生了一定的变化。禅宗创自北魏时的菩提达摩，至四祖道信时，在黄梅东山已形成庞大的禅僧集团。据《景德传灯录》中的《禅门规式》记载："禅宗肇自少宝（即达摩），至曹溪（惠能）以来多居律寺。"实际上，自中唐以来的禅宗僧人，因为没有官方的承认，又无僧籍，因此其多数仍是常居"山舍"或茅庐，或者云游天下。一些著名的领袖人物，如禅宗北宗创始人神秀，"或潜为白衣，或在荆州天居寺"，也是居无定所。

到了唐元和年间（公元806—820年），洪州马祖道一的弟子，著名禅僧百丈怀海创制《禅门规式》，才使禅宗佛教有了自己独具特色的寺院，即禅宗丛林。《禅门规式》即《百丈清规》，原文已失传，其主要内容见录于《景德传灯录》卷六。

这里对禅宗寺院及禅僧的生活方式做了十分具体的规定。由此知道，禅寺最重要的特点是"不立佛殿，唯树法堂"。法堂是禅门弟子聆听师教、体悟本宗教旨、维系禅宗血脉代代相承的要地，因此是禅寺的中心建筑。而佛殿则是供奉诸佛菩萨的大殿，这对于只求自心自悟，不以礼佛诵经为主要信仰的佛教禅宗来说，已是不太重要了。

禅寺中僧人的寝室，除住持的方丈室外，一般称"寮"，有首座寮，为上座名宿的住所；侍者寮，安置新出家受戒的年轻僧人；行者寮，安置寺院中从事杂务的行者及未受戒的僧人；众寮，临时安置过往僧人居住的地方；蒙堂，安置已退职的知事人员；单寮，安排副寺以下退职人员；延寿堂，安置老病僧人。

自禅宗形成后，中国佛教寺院的规式发生了变化，以法堂为主要建筑的禅寺的兴起，形成了禅宗的"伽蓝七式"。山门又称"三门"，是有三扇门的门楼；东司又称东司净房，即厕所；浴室又作温室，是洗浴的地方；沸殿，供奉佛、菩萨的殿堂；法堂，又称讲堂，为禅门讲经说法的地方；僧堂，又称云堂、禅堂，为僧众坐禅和起居的地方；库房，又称库院、职事堂，为主持出纳，调配食物的地方。僧堂、净房及浴室又总称"三默堂"，即不能公开称道，所谓"禁语"。这是一个基本的格式。在中唐以后中国佛教的发展中，禅宗逐渐成为中国佛教诸宗中具有主导地位的派别，并呈现出诸宗会流的趋势。在这种背景下，大多数佛教寺院都改为禅寺，而且就禅寺说也已不是百丈怀海时代的"不立佛殿,唯树法堂"的原式了,而形成了一种新的格局。中国汉地现存的佛教寺院,除个别外,绝大多数是宋朝以后,特别是明清两代重新修复改建而成的,它们的布局有了变化,可以说是一种新的"伽蓝七式"。

寺院是僧人生活和修行的地方。一位年轻人投入佛门,出家为僧,寺院就成了他终身的依靠。同时,我国自南北朝始,在国家的管理下,僧人就有了僧籍制度。一位僧人只要出家受戒,就要受到严格的管理,不得随意而行。早在北魏孝文帝延兴二年(公元472年)就下过一道诏令,规定"无籍之僧"要"精加隐括";凡比丘"不在寺舍",民间不得"容止";僧人为"三宝巡民教化者",必须"在外赍州镇维那文,移在台者,赍都维那等印牒,然后听行,违者加罪"。就是说,僧人不能随便离开寺院,有事外出,必须持由寺院开据的证明。发展到隋唐时代,这种规定就更加严格。唐政府规定:"寺庙各有住持",不能随便"寓迹幽闲,潜行间里;或远就山林,别为兰若";僧人外出"不过三夜,出逾宿者,立案连署;不过七日,路远者州里给程"。(《全唐文》卷三十)就是说,僧尼离寺外出超过三天就要申报有关政府部门立案;离开寺院不得超过七天,路远者必须持有政府部门给的通行证。至明朝初年的明太祖洪武二十四年(公元1391年)又制定了《申明佛教榜册》,对僧人居寺又作了进一步的规定:这些规定指出,僧人只能居住在自己的寺院中,不许同时来往住止在两个寺院中,更不允许私养家眷,私自在民间居住。有犯者,一经举报即当严刑处治,甚至杀头。

可见,僧人在寺院中生活是要受到严格管理的,没有一定的手续不能随便离开寺院。然而,也有例外,这就是"游方问道",即中国僧人可以离开自己的寺院,到全国各地的寺院求师问道,巡礼圣迹,寻访佛法。应该说这是中国佛教的一个优良传统,也是印度佛教徒乞食衲衣、云游天下的一个发展,对佛教在中国发展曾起到过积极的推动作用。

因此,中国寺院形成了一种接待过往云游僧人的制度,即挂单,又称"挂搭"。挂搭的原意如《禅门规式》所说,是禅僧入僧堂后,依受戒年次在长连床上坐卧,而其大衣等道具则统一挂在一个架子上称"挂搭"。在这里,挂搭则专指接待游方问道僧人的一种制度。挂单中的单,就是指游方僧的行

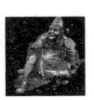

李，挂单就是允许此游方僧住在寺院，进入僧寮，安放行李。

挂单要经过这样一些手续：先是求挂单或称"讨单"。来僧首先来到客堂，由知客接见，问明情况，查验手续，如明太祖制定的《申明佛教榜册》中说："问本僧系某处某寺僧，年若干，然后揭册验实，方许挂搭"，即要问明来僧身份，确认其为真正的受戒比丘，方可允许挂搭。然后是送单，送单前要问明来僧去向，是暂住、是常住等情况，然后根据来僧的身份送入适当的住所。如来信是高僧大德就要送入上客堂，如果是一般僧人就送入云水堂或寮房。再后是由知客将来僧情况通报寮司，登记上册。最后要到方丈处进行礼节性的拜会或礼拜。另有一说，是云游僧来寺挂单，在验明身份后，先要拜会方丈，表明"久闻道风，特来依附，伏望慈悲收录"的心愿，方丈允许后，方可挂搭。以上手续被称为"挂搭法"。

云游僧

挂单没有时间的限制，可长可短，一般分两种：一种是较长时间的留住，在该寺参学问道，这叫"挂海单"。这种云游僧在住了一段时间后，可成为该寺的常住僧，准许进入禅堂和佛堂，参加该寺僧人的种种法事活动。如要离走，必须在每年正月十五或七月十五提出申请，允许后方可离寺。另一种是住一日或几日就走的过往僧人，又称云水僧，意犹行云流水过往不定。挂单僧人的食宿由接待寺院供给，如果是高僧或其他有职位的僧人还要有专人侍奉。

接待挂单的时间也有规定，以当年的八月一日至次年的四月一日为挂单日，接待来僧。四月至七月这四个月不接待来僧，称"止挂搭"。要指出的是，在禅寺中属于子孙丛林的小庙，一般不接待外来僧人。

僧人的行

行，一般指走路。在这里，还介绍僧人的其他一些举止。佛教有"四威仪"的说法。四威仪又称"四行"，是对僧人行、住、坐、卧四种举止动作的规定，要求僧人要"行如风、坐如钟、立如松、卧如弓"。佛教认为僧人对包括自己的行、住、坐、卧等一举一动都要谨慎，不可有任何放纵或非礼的行为，因此佛教有"三千威仪""八万细行"之说。

一、行，即行走。道宣在《教诫新学比丘行护律仪》中说，僧人进入寺门要"缓行直视"，"不得垂手，当有所畏"；也不得"踏殿塔影"。进入塔殿要"右绕"。进入师门应当"旁门颊行"，勿令有声。在寺中行走，"不得左右顾视，须长视，看地七尺，勿令踏虫蚁"。"不得逾越篱墙"；"不得着木扲（突，可能是木制拖鞋）在尊宿前行走"。行走"不得急行，当学牛王象王之步"。在廊下行走"不得当其中道"，应走一边。在廊下行，不得"高声语笑"和歌唱吟咏。不能在师傅前行走。在寺外，不得与女人共行；不得在途中与尼师及女子共语；远远望见官人和醉人要回避；不得入屠户家、酒肆及没有男子的家。

二、住，即站立。据《教诫律仪》，在师前站立，不能站在身前，不能站在身后，也不能站在师傅的高处和上风；不能离师傅太远，也不能太近，应站在距离师傅额角七尺左右的地方。凡是到师傅面前，当"具威仪"。向师傅问讯要"合掌曲躬"。又据《大明三藏法数》，修道者不能随意在某处站立，所谓"非时不住"；应随时在站立处常念供养三宝，赞叹佛法。另外，还有不能在人来人往的大门间、屠宰处、祠祀处、桥下、桥头、十字路口、空闲处七个恶鬼出没的地方住立的说法。

三、坐，据《教诫律仪》，僧人坐时，须"端身安住"，不能乱动；坐时要"敛容寂默"，不得说笑，也不得"左右顾视"；坐床先须看脚，如果脚不能平着着地不得坐；不得在门坎上坐；不能与师长同坐一床；不能在师长的床上坐；在师前"未唤坐，不得辄坐"；"上座未坐不得先坐"等。坐是僧人进行修行的最经常的行为,如坐禅,又称"打坐"。打坐时的姿式称结跏趺坐。坐时先须陈敷坐具,坐下后以右脚压左腿,再以左脚压右腿,脚掌向上,呈十字交叉形。如果只交一腿称半跏趺。坐好后,两手交叉置于胸前,掌心向上,端身向前,双眼微开,进行观想默念。

四、卧,即睡。对佛教僧人来说,睡只是为了调节身心,消除疲劳,所以不能贪睡,有"非时不卧"的说法。睡时,先须敷铺卧具,"卧须安枕,不得污席"。卧时须右胁向下着床席,以右手为枕,左手放在左膝上,两足相叠,"面当看外,不得看壁"。据记载,佛祖释迦牟尼入灭时,是以右胁卧席,头朝北,面向西。因此,这被认为是最上卧法。不能仰卧,也不能左胁着席卧。据佛经讲,仰卧是阿修罗(凶神)的卧法,伏卧是饿鬼的卧法,左胁着席卧是贪欲人的卧法。又据《教诫律仪》,卧"不得赤体",也不得将三衣置于脚下;卧时更不得"思惟恶事"等。

知识链接

度牒——僧人的证明书

度牒,这是由政府发放的,承认一个已正式受戒的僧人为僧的证明文书。应该这样说,在中国古代,一个人要成为一名僧人不只是个人自愿,父母同意,寺院接受,还要得到政府的允许。寺院或某位大德和尚不经政府批准,私自度人为僧者称"私度",是非法的。这种实际上是由政府批准为僧的制度至晚在南北朝时就已形成。政府不仅掌握着度僧的权力,还要限制度僧的人数和寺院的数量。

第二节
日常佛事活动

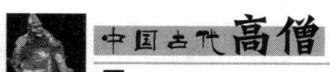

六时礼佛和四时坐禅

六时，即白天三时：晨朝、日中、日没；夜间三时：初夜、中夜、后夜。佛教僧人在每天的这六个时辰中，要礼拜赞颂佛德，唱念经文。据道宣的《释门归敬仪》，记载，六时礼敬诸佛的仪式，在印度佛教典籍中就有记载："论云：菩萨昼三、夜三礼念诸佛""经云：汝等昼夜勤心修习善法，无令失时，初夜、后夜亦莫有废，中夜诵经以自消息"。这说明这种修行在早期的印度佛教僧人中就已经实行。

在中国，上述道安的"条为三例"的第二条中，也有"常日六时行道"的规定，说明东晋时代这一制度已经实行。至隋朝，天台宗创始人智𫖮为徒众制定了10条僧规，其中就有六时礼佛。10条僧规见载《国清百录》卷一，现摘录如下：

依堂之僧，本以四时坐禅，六时礼佛，此为恒务。禅、礼十时，一不可缺。其别行僧行法竟，三日外即应依众十时。若礼佛不及，一时罚三礼对众忏；若全失一时，罚十礼对众忏；若全失六时，罚一次维那。四时坐禅亦如是。

就是说，当时天台宗门下，对礼、禅十时的修行十分严格，一时都不能缺，缺一时要当众进行忏悔；全缺者，要由知事僧维那严加处治。六时礼佛据《国清百录》的记载，是一种集体的礼佛活动，众僧着袈裟，"闻钟后入

第三章 僧人的生活

达摩祖师坐禅

堂"，手执香炉，对面互跪，"未唱诵不得诵"。正因为这样，唐道宣指出"六时行道"与"五戒""八斋"具有同等重要的意义。唐代另一位著名僧人善导曾编著《往生礼赞》一书，把一日六时礼佛定为净土信仰的日常功课。

"四时坐禅"，即僧人在每天规定的四个时辰中进行坐禅。这四个时辰是黄昏（下午 8 时）、后夜（凌晨 2 时）、早晨（上午 10 时）、晡时（下午 4 时）。

六时礼佛、四时坐禅的制度，在宋元以来有所变化，一般说，不为寺院采用。

布萨说戒

布萨是梵文 upavasatha 的音译，又译优波婆沙。就意译说，有的译为长养，有的译为长养净、善宿等。布萨是佛教寺院中僧人日常行事中的一种重要制度。寺院僧人每月两次，即十五日和三十日（或二十九日）两天举行集会，讲说戒经。通过说戒，促使僧众遵守戒律，达到僧团内部的清净和合，这就是布萨。此外，在家的佛教徒在六斋日（每月的初八、十四、十五、二十三、二十九、三十）受持八斋戒也被称为"布萨"。

布萨一词源于古印度吠陀时代的一种祭法。当时，每当新月和满月前一天举行祭祀活动，祭主在这一天断食，行清净戒行，称"布萨"。这种制度到公元前6世纪的佛释迦时代已是众多教派采用的一种通行制度。

据说，在佛释迦传道的主要地方王舍城，各种宗教信徒于每月"三时"即八日、十四日、十五日举行布萨集会。释迦牟尼适应了当时的形势，为了更利于在民间传播佛教，继承了这种传统的宗教制度，制定每半月一次举行布萨的制度。

这种制度要求是在农历每月的十五日（或十四日），三十日（或二十九日）举行布萨；凡是佛寺中的僧人，不管是常住的，还是暂住的都要参加，因此它是一次全体会议，如果有无故缺席者即为不合法。因病不能参加，要请同住僧人代为参加，并要表示对布萨集会上讨论决定的一切僧事无条件接受。如果比丘已经有过失在身，就要在布萨前先行处治，令他忏悔罪过，然后方许参加。布萨集会对只有一僧或少数僧人居住的兰若和小寺也不例外，这些僧人也要在布萨日自觉地进行诵戒和忏悔。

布萨说戒的仪式一般有这样一些内容：每至布萨日，寺院中的知事僧要先清点僧众，有无病僧；然后僧众清扫寺院，拂拭塔庙；鸣钟集会前，寺主、上座等要亲自到客房、寮舍，劝导接引众僧参加布萨。鸣钟集会后，先燃香供佛，接着礼佛、赞佛，称念佛名，诵读偈语。在这些仪式后，由一精通戒律的上座比丘诵说《波罗提木叉戒本》（又称《别解脱律仪》，它是比丘要遵守的八种最基本的戒条），众僧根据戒条，自我检查前半月有无犯戒行为，如犯了则在众僧前揭发忏悔。布萨就是这样一种以众僧集会的共同和合的威德，使违犯戒律的僧人不得不忏悔认罪，以维护信团内部团结一致的制度。

安居自恣

安居一词意译为雨期。在古代印度，每年的四月十五日至七月十五日的三个月，正逢夏季多雨时节。此时，佛教禁止僧人外出，而要定居在寺院中的一个安静的地方，"除大小便，余则跏趺而坐"。这种制度叫"安居"，又称"夏安居""雨安居""坐夏""结夏"等。

佛教认为，这三个月里，雨水较多，物类生长繁茂，而且"方尺之地，悉并有虫"。如果这时外出必然招致三种"过"失："一无事游行妨修出业；二损伤物命，违慈实深；三所为既非招世谤。"就是说，雨季中僧人外出，必然要伤害生物的生长，这不仅违背佛教以慈悲为本不杀生的教义，也会招致世人对僧人的诽谤。

僧人在行安居前，要做一定的准备工作，其中除根据寺院的情况，分配必要的"资养"外，重要的是选择安居的地方，如《善见律》所说："佛告诸比丘，若欲夏坐者，先须修治房舍……不得无房舍而坐夏。"安居的地方要符合五个条件：一是不能离村落城市太远，因为这样的地方，僧人必须的资养"难求"；二是不能离城市太近，太近则妨害修道；三是少蚊虫的地方，因为蚊虫太多会残伤僧命；四是要有指导修行的通晓律仪的大德作为依止，以便随时求问以解疑难；五是要有施主供施饮食汤药。

安居是出家僧人的制度，在家的佛教徒例外。安居时，男女僧人要分处。僧人不行安居，就是犯戒，所谓"比丘不安居，突吉罗"、突吉罗意为恶作，指僧人身口方面的罪过。

安居时，僧人要在寺院佛像前向所依止的长老大德发愿，表白依止大德行安居的意愿，而后方入安居，这叫"对首安居"；如无依止的大德，则于心中自我表白乞求安居，再入安居，称"心念安居"。

安居共三个月，如果如期在四月十六日入安居，称"前安居"；如因事不能如期安居，最晚也须在五月十六日安居下来，称"后安居"，其间入安居者，称"中安居"。如果遇到闰月，僧人的安居期要适时而延长一个月，也于七月十五日结束。入安居日称"结夏"，安居结束日称"解夏"。解夏又称"腊除"，相当于除夕，过了这一天，受具足戒的比丘和比丘尼就增长法腊一岁。所以法腊又称"夏腊"。僧人不是以生年论长幼，而是以法腊论长幼次序。

在安居期，僧人禁止外出，其间因寺院要事，如"为利三宝"，即为了佛、法、僧等重要佛事必须离寺者，一日即可返还者可许外出；如果超过一日又最多七日者，要亲自请示依止大德，办理一定手续，所谓"对首受法，应具仪"，称"七日法"；如果须更长的时间，如半月、一月，则"方应羯磨"，即需僧众集会，通过决议，方可离开安居的地方。如果不是上述情况而无故不安居者，即是犯作恶罪，称"破安居"，或"破夏"，从而失去分配安居房舍和资具的资格。

在安居期，僧人修学的内容以律仪为主，诵读讲说经论只是辅助的功课。据载，僧人在安居期要诵背戒条，要广诵二部戒本。在习学律仪时有疑问者，可决疑于持律师，故安居的地方不能离师太远。

当安居期结束，即解夏日，僧人们还要举行一天称"自恣"的集会仪式，这一天也称"自恣日"。一般说，自恣日应为安居结束的七月十六日；但又有说，比丘僧七月十四日自恣，比丘尼七月十五日自恣。

自恣被译为"随意"，《翻译名义集》对自恣作了如下解释：

九旬修道，精练身心，人多迷己，不自见过。理宜仰凭清众，垂慈诲示，纵宣己罪，恣僧举过。内彰无私隐，处置有瑕疵，身口托于他人，故云自恣。

就是说，在90天的安居期中，僧人通过修行在道业上会有长进，也会有许多过错反映出来，有的自己知道，有的不一定认识到，因此在安居结束时举行一次集会，先由个人进行反省，检讨过错；然后再请众僧"诲示"，即请众僧随意揭发批评；最后在众僧前忏悔。这种集会佛教称为"自恣"。自恣的制度对纠正僧人违犯律仪的各种言行，维护整个信团集体的和合起着重要的作用。

自恣日结束，90天不准外出的限制解除了。这时，僧人们应到他处寺院住一段时间，哪怕一夜也好。有如《翻译名义集》所讲：比丘安居已，应移余处，若有缘不得去，不犯；若无缘者出界一宿还来，不犯。

我国僧人实行安居自恣的制度起始于何时，没有明确记载，但至迟在南北朝时，随着佛教律藏典籍的翻译，这种制度即已在我国僧人中开始实行则是没有疑问的。然而，自唐朝以来，特别是禅宗形成后，因为禅僧们把修行贯穿于行、住、坐、卧等一切日常生活中，有所谓"行亦禅，坐亦禅，默念动静体安然"；甚至说"青青翠竹，尽是法身；郁郁黄花，无非般若"，把一切事物都看作是修行的妙道，认为修行随时随地都可进行。这样，在禅宗僧人中就有忽视安居的情况，甚至出现了《敕修百丈清规》在述及禅僧各月行事时没有提到安居一项的情况。当然，从中国僧人的总体说，安居仍然是一项普遍遵从的制度。

早晚功课

上面已经提到的六时礼佛和四时坐禅的制度在唐以前确曾实行过，但在唐末宋初后，这种制度并没有在大多数寺院中得到严格的遵守，而且逐渐发生变化，从六时礼佛变成为二时功课。这种演变从什么时候开始，佛教史书没有记载，但二时功课至晚在元朝即已实行。

《元史》记载，元文宗皇庆二年（1313年）曾针对当时佛教寺院有"清规废弛，香灯灭绝"的情况，颁旨令僧尼"今后须要晨参暮礼，二次念经。凡遇四斋日，住持领众，焚香祝延圣寿，念经文，不得怠惰"。这条记载指出，在元朝，作为僧人的日常功课已是每日晨、暮两次念经了，六时礼佛已

礼佛

不再提。至明朝初年，明太祖整顿教务，统一佛门法仪，可能在这个时候，早晚二时功课的内容才最后定型，成为佛教僧人每天的基本行事。

　　二时功课，就是僧人每日晨朝（五更）和暮时（指日晡，即下午2~4时）两次在佛寺大殿中集会，诵经礼佛。这是寺院对每位僧人的基本要求和必修的功课。僧人通过每天的早晚两课，祈求获得功德，同时使僧众得到严格的管束而不懈怠于修行，所谓"朝暮不轨，犹良马无缰"。因此，二时功课也是寺院管理僧人的一种制度。

　　明清以来二时功课又称"早殿"和"晚殿"，共五堂功课，早殿二堂，晚殿三堂。早殿的两堂是：先念《楞严咒》为一堂，后念《大悲咒》《小几咒》《心经》为一堂。晚殿分为单双日。单日诵《阿弥陀经》为一堂；双日拜颂八十八佛、念《大忏悔文》为一堂；单双日又同施《蒙山施食仪》一堂，合为三堂。

　　早晚课的仪式均分为三段，叫作"三启"仪制，即先诵赞文，次诵经文或咒文，第三颂发愿文。略述如下：

　　早课开始后。先唱赞文称《宝鼎祝福香赞》，之后开始诵念《楞严神咒》。此咒文及咒文前的经文，录自《楞严经》。咒文全文为梵文音译，共2620字，分五节诵完。据说诵此咒可以降伏诸魔，成就最高道果。接着诵《大悲咒》和"十小咒"。《大悲咒》全称为《千手千眼无碍大悲心陀罗尼》；"十小咒"即10种较短的咒文，如《消灾吉祥神咒》《七锦灭罪真言》（真言即咒语）《功德宝山神咒》《准提神咒》等。诵念它们是为了祈求寺院及僧众平静无难；之后再诵念《心经》。这是早课的中心内容。第三段，首先诵《赞佛偈》，之后众僧合掌在殿内绕佛，口念"南无阿弥陀佛"数百乃至一千遍，后归位跪下念三菩萨名及发愿文、三归依文等，最后顶礼佛祖，早课结束。

　　晚课的仪式与早课大体相同，只是所诵经文有区别，最大不同是多一堂功课，即《蒙山施食仪》。仪式开始时先诵《破地狱真言》等咒文，之后行者出位礼佛，并起誓愿；然后以左手持起从午斋中取得的饭粒，以右手按食上作观想，表达以无量食充塞虚空，"周遍法界，普济饥虚，离苦得乐"的愿望；此后取净水在香头上绕三回，作观想，表达以此清净之水"令诸饿鬼，咽喉自开，法界众生，一时皆得甘露饮食"的心愿。发愿后将净食置于净台上，表示施食。仪式最后诵念《心经》《往生咒》《净土文》。这种仪式每日晚课时均要举行。

蒙山是位于四川雅安的一个地名。相传宋朝有僧名不动上师，不称甘露大师，他在居蒙山时创制这一仪式，故称"蒙山施食仪"。可见，早晚两课的制度是中国僧人创立的，并没有佛经根据，其仪式为什么做这样的编排也不得而知。

在早晚功课外，还有《二时临斋仪》，即在僧人早、晚斋时举行的仪式。这就是道安说的"饮食唱时之法"，也就是进食前要诵"供养咒"；斋后要诵"结斋咒"。

佛教节日

中国佛教寺院定期举行佛教节日活动是僧人生活的重要组成部分。佛教节日很多，主要有两个：

一是每年农历四月八日的佛诞纪念日，又称"浴佛节""灌佛会"，在这一天，中国佛教寺院要举行盛大的浴佛法会。中国佛教纪念佛诞的法事活动，早在佛教初传的东汉末年就已经有了。《后汉书·陶谦传》记载，当时一些地方每逢浴佛节来临，观看的人成千上万。四月八日这一天，佛教僧人用车载着佛像，在大街上巡游，连当时的北魏皇帝都亲临宫门观看，并散花以表示致敬。又据《洛阳伽蓝记》记载：当时洛阳的这种活动十分盛大。每次巡游的佛像多至"一千余驱"，京城内"宝盖浮云，幡幢若林，香烟似雾，梵乐法音，聒动天地。百戏腾骧，所在骈比。名僧徒众，负锡为群；信徒法侣，持花成薮"。这种纪念习俗一直流行到唐代。从敦煌发现的唐代寺院文书中知道，当时，每到佛诞日，寺院要在城内"行像"，即车载佛像巡游。同时，在这一天还要"供斋"，费用由民间佛教团体供给。但至宋元以后则发生了变化，寺院纪念佛诞，不再载佛像巡游，而是改在寺院内举行浴佛法会。浴佛法会是盛大的佛教活动，花亭供的太子像是一尊数寸高的童子佛立像，右手指天，左手指地。这种浴佛的仪式源自佛诞生后，天降香水为其洗浴的传说。

盂兰盆节

这一传说说，佛诞生后，右手指天，左手指地，并说："天上地下，唯我独尊。"这也是太子像形象的来源。

　　二是盂兰盆会，又称"盂兰盆节"。这是佛教的又一盛大节日，源于《佛说盂兰盆经》。盂兰盆意译"解倒悬，解痛苦"。盂兰盆的原意并无盆意，本是超度亡亲的一种仪式，但后来的注家将盂兰和盆分别进行解释，盂兰为"倒悬"义，而盆为救护的器皿，或称"盆钵"，以至这种解释成为定论。《盂兰盆经》讲述了这样的一个故事：佛的十大弟子之一的目犍连用具有神通的道眼，看到其亡故的母亲在饿鬼道中受苦，瘦得皮包骨，日以继夜，痛苦相续。他便用钵盛饭，借其神通送给母亲吃。因母亲生前恶业应受此报应的缘故，所以饭尚未进口即变成火炭。目犍连看到这种情景，十分痛苦，为解救其母亲的苦难，向佛问法。佛告诉目犍连：你母亲罪业深重，七月十五日是众僧结夏自恣日，你应在这一天以百味饮食供养十方众僧，以十方众僧的神威解救你的母亲，同时报答"父母长养慈爱之恩"。

这部经始译于西晋，之后即对中国佛教产生影响，以至在南北朝时期形成了佛教僧人于每年七月十五日举行盂兰盆会的制度。我国最早记载寺院举行盂兰盆会的时间是梁武帝大回四年（公元538年）。这一年梁武帝"幸同泰寺设盂兰盆斋"。据载，梁武帝在此后的年代，每逢七月十五日都要以盆普施诸寺，以至相沿成俗，成为佛教寺院的一大盛事。

在唐朝，著名僧人宗密"因父早丧"，为追荐亡灵而著《盂兰盆经疏》。这部作品结合中国传统的孝亲思想注释经文，说《盂兰盆经》是以"拔苦报恩"为根本宗旨，从而使盂兰盆会更加受到寺院僧人的重视，并成为皇家关心的佛事活动。唐代宗大历三年（公元768年）在内道场建盂兰盆会。"设高祖下七祖神座，由太庙迎入内道场，具幡华，鼓吹迎于衢道，百官迎拜。岁以为常"（《佛祖统纪》卷四一）。据《旧唐书》（卷一一八）记载，这次"造盂兰盆，饰以金翠，所费百万"。在当时，京城长安每当七月十五日盂兰盆会时，各寺院用花腊、花饼，假花果树装饰一新，争奇斗艳；皇家向寺院送盆，供献各种物什；而民间施主也争着向寺院献盆献供，甚为壮观。由此可知，当时的盂兰盆会不仅是寺院僧人的节日，也是民间的盛大节日。盂兰盆会是佛教寺院重要的法事活动，因此有一定的法事仪轨，一般包括：设净坛、装饰佛像、集众僧绕佛诵经、上盂兰盆供、众僧受食等。

此外，中国佛教寺院在一年中还有其他许多佛教节日活动，如二月初八的佛出家日、二月十五日的佛涅槃日、腊月初八的佛成道日等，总计有20多个。每逢这些节日，寺院僧人都要举行纪念法会。其中腊月初八佛成道日，又称"腊八"。这一日寺院僧人严备"香、花、灯、烛、茶、果、珍馐"以供佛，并举行礼佛诵经的仪式。同时，根据佛成道时，有牧女向佛奉献乳糜的传说，各寺院还要以果物、五谷煮成"七宝五味粥"，又称"腊八粥"供佛，并分送信徒食用。这种寺院的佛事活动亦影响并演化成我国民间的一大风俗。

忏仪与法会

中国僧人除参加上述节日活动外，还要参加种种法会，举行忏法仪式。

这也是僧人生活的重要方面。佛教认为，"众生垢重，何人无罪，何者无愆"。众生因无知而恣意行为，不信佛法，不孝父母，骄、奢、淫、逸都是罪过。因此在出家后就要——忏悔以往的罪过，还要不断忏悔现在的种种恶行，发愿归依三宝，精诚修行，永不退转。这就是忏悔。上述半月一次的布萨集会就包含有忏悔的内容。为进行忏悔，根据各种不同经典的内容而编制的忏悔文和仪式就是忏仪，或称"忏法"。

我国佛教的忏仪，起始于南北朝时代的刘宋，当时流行的忏仪称《药师行事》，有"药师行事，源出宋朝"（《续高僧传·兴福篇论》）的记载，但这种仪式已不存在了。梁武帝时，忏仪盛行。当时，在梁武帝的组织下编制了一部忏仪，名为《慈悲道场忏法》，又称《梁皇忏》。这部忏仪是流行至今影响最大的一部忏仪之作。隋唐时代，中国佛教宗派兴起，出现了根据不同经典编制的各种名目的忏仪，如天台宗智𫖮编撰的《法华三昧忏仪》《金光明忏仪》《方等三昧行法》；唐宗密编撰的《圆觉经道场修证仪》、知玄编撰的《慈悲水忏法》及智升编的《集诸经礼忏法》等。宋朝是忏法的极盛时期，忏仪的作品更多，以天台宗传人的作品最著名，如四明知礼的《金光明最胜忏仪》，慈云遵式的《金光明忏法》《卜助仪》，东湖志磐的《水陆道场仪轨》等。正是由于历代僧人对忏仪的重视，所以自唐以来举行忏法仪式就成为僧人们日常生活中不可缺少的部分。

忏法的仪式，对不同忏仪来说内容也有不同。比如《慈悲道场忏法》提出六个方面的内容，即一归依三宝、二断疑、三忏悔、四发菩提心、五发愿、六发回向心。而智𫖮的《法华三昧忏仪》则包括十个方面的内容：一严净道场，二净身，三三业供养，四奉请三宝，五赞叹三宝，六礼佛，七忏悔，八行道旋绕，九诵法华经，十坐禅正观。概括地说，忏仪都包含四个方面的内容：一迎请诸佛菩萨，二诵经文咒语，三自白罪名，四立誓发愿。

从忏悔的方式说，忏法又区分为：众法忏，对四个以上的僧众进行忏悔；对首忏，面对所依之师一人进行忏悔；心念忏，在佛像前独自于心中进行忏悔。另有六根忏法和六道忏法的区分。六根忏法以忏悔六根（眼、耳、鼻、舌、身、意）造的罪为主；六道忏法是为解救在六道中轮回受苦的众生而举行的忏法。此外，还有制教忏和化教忏的区分等。

在举行忏仪时，除礼佛诵经外，还要念"忏悔文"。最常诵念的忏悔文选自《华严经·普贤行愿品》，这是一首四句偈文，即"我昔所造诸恶业，皆由无始贪瞋痴，从身语意之所生，一切我今皆忏悔"。

寺院举行忏悔的仪式本是僧人个人的修行行为，以灭罪生慧为目的。但发展到后来，僧人遇施主施舍饮食钱财才举行忏法仪式。这样，修持忏法成了寺院收入的一种来源。施主给钱物，指定寺院为他举行某种忏仪，称"拜忏"，拜忏有一定的价格。

忏法通行于一般寺院。自禅宗佛教兴起后，禅僧们的自我修行已不是以修忏法为主，而是"打七"，即禅僧们于每年冬季的十月十五日起，至次年的正月十五日止，进行三个月定期的参禅活动，也称"结冬"，有"冬参夏讲"之说。在结冬中，禅僧们为了在短期内取得修行的效果，规定了以七日为一个期限。在这期间，除必要的饮食睡眠外，排除一切外界干扰，专心修持禅法。打七也叫"打禅七"，开始称"起七"，结束称"解七"；可以修一个七日，也可以连修几个七日。

打七的修行也盛行于中国净土宗，即"七期念佛"，在7日内修念佛法门，一心专念阿弥陀佛，故又称"打佛七"，或"打净七"。

佛教把重大的佛教节日（如浴佛节等）及其他佛事活动中装饰佛殿，焚香供佛，礼佛诵经，说法设斋等僧众的集会都称"法会"。法会在古印度就已盛行。据印度佛教律典记载，在古印度，每当佛诞日、佛成道日、佛初转法轮（第一次向弟子宣说佛教的道理），施主供养佛弟子罗睺罗、阿难，帝王富商向僧众布施时都要举行法会。中国唐代著名僧人玄奘游学印度时，戒日王专门为他在曲女城举行全印度的无遮大会，即僧俗贵贱均可与会的佛教法会。玄奘在会上宣读自己的论文，据说到会的各界僧俗有几十万人。

佛教法会最早见于记载的是浴佛节，稍晚则是斋僧会和无遮大会。据佛书《历代三宝记》记载，汉灵帝光和三年（公元180年），灵帝就曾在洛阳佛塔寺斋僧。而法会的盛行则开始于南朝，梁武帝曾多次亲临寺院设无遮大会。据《南史》记载，梁武帝亲自主持的法会就有16次之多，其中中大通五年（公元533年）在同泰寺举行的"四部大会"（四部，即四部众，指比丘、比丘尼、优婆塞、优婆夷），参加者不仅有佛门四众弟子，还有"皇太子、王侯以下"的皇室官僚等，总计 319642 人（《弘明集》卷十九）。梁武帝以后，举行法会形成风气，法会的名称也多种多样，有如水陆会、放生会、华严会（专讲《华严经》的法会）、师子会（九九重阳日众僧坐师子座讲经说法的法会）、龙华会（纪念弥勒佛下生的法会），以及为帝王举行的祝圣会、国忌会、求雨的祈祷会等。这里介绍影响较大的几种。

无遮大会，源自印度，无遮的梵文，音译为般遮于瑟，直译为五年一大会、五年功德会、五岁会等。无遮是宽容而无遮盖的意思，即参加法会的人不分贵贱、不分贤愚、不分道俗，一律平等地进行或接受财施（钱财的布施）和法施（传授佛法）。据说，这种法会创始于印度阿育王时代（公元前3世纪前后），是为了纪念释迦牟尼佛5岁时剪顶髻举行的，每5年一次，以国王为施主。法会时，国王把府库中除兵器外的全部钱财拿出来，对与会者不分贵贱贫富、不分宗教派别、不分道俗，分别进行布施，会期长达75天。

水陆法会。这是中国佛教寺院比较通行的一大法事。水陆法会又称水陆斋、水陆道场。水陆是六道众生（天、人、阿修罗、地狱、饿鬼、畜生）轮回生死的地界，水陆法会就是为救度这些受苦的众生而施设的斋会，故有"诸仙致食于流水，鬼致食于净地"，即在水陆施斋，可以供养一切有情众生。

在法会上，通过"符牒"召请六道一切众生，行施食法，追荐和超度他们的亡灵，同时将这种功德再回向给施主（即为施主积功德），为施主及他们的眷属祈福。法会一般由施主出钱资助，以七日为期。独家出资者，如苏轼为亡妻设的"眉山水陆"就称"独姓水陆"，而由许多施主共同施资而举行的称"众姓水陆"。一般的水陆法会先要严设道场，供奉十方诸佛及菩萨、贤圣像，设被超度亡人的"神仪"，设供；然后礼敬三宝，忏悔，发愿，施食后诵经念佛，为施主发愿，以求得使亡者早得超度，使生者延寿无病，一切如愿。

焰口。这是中国寺院经常举行的另一种超度饿鬼并对死者亡灵进行追荐的法会。这种法会的主要根据是唐代僧人不空翻译的《救拔焰口饿鬼陀罗尼经》。经书中讲，焰口是一饿鬼的名称，又叫"面然"。经文讲述了这样一个故事：佛弟子阿难正在修行，焰口来到身前，对阿难述说了自己死前因贪欲不知足而堕入饿鬼道中的情景。之后又说，阿难在三天后生命也将结束，也要堕入饿鬼道中，如果要免除这一苦难，必须在明天普施鬼神。阿难听后，急忙至佛前求救，佛因此为阿难说《焰口经》和施食法。这就是焰口法会的来历。

焰口最初是修持密教的僧人每日进行的一种法事活动。唐朝末年密教失传，这种法事也就不再流行了。在宋朝，天台宗俗人遵式的文集《金园集》中有《施食法》《施食文》等作品；而仁岳、通晓等僧人也有"施食"一类的文章，但其中讲的内容与《焰口经》不尽相同，说明焰口在宋代并没有形成为中国寺院经常性的法事活动。元朝密教兴起，焰口经施食法从西藏传入内地，有汉译本的《瑜伽集要焰口施食仪》一书流传。这部施食仪把焰口法会大致分为两段：前半段包括诵咒语，诵《三十五佛名》，诵《普贤行愿品颂》及供三宝等内容；后半段包括入观音定，施饿鬼食，发愿回向等内容。应该说，自元朝始，焰口法会才在中国内地各寺院中流行。至明朝，焰口施食仪轨的作品很多，有"七家焰口八家忏"的说法。这说明当时焰口法会在中国寺院中十分盛行，它的内容也不尽相同。

焰口法会一般在黄昏后，即晚7~11时举行。据说，过了这段时间，鬼神不能得食。法会仪式大体包括"敬供"和"悲施"两部分。敬供有升坐、入定、洒净、归依、道场观、献曼陀罗、普供养等内容。悲施有入定、召请、显施食、灭障、一密施、回向等内容。

放生会。这也是中国佛教寺院经常举行的一种法会。放生，是将捕获的鱼类、鸟类等动物再放还池湖、山野。佛教寺院专为放生而举行的法会称放生会。这种法会的根据是佛教关于戒杀生的思想。佛教律藏典籍《梵网经》中有这样的话："佛子以慈心做，行放生业。"佛经《金光明经》"流水长者子品"中讲了这样一个故事：佛的前身曾做过流水长者之子，曾救过"十千"条濒于死亡的鱼，给它们水和食物，并为它们解说经文。这些鱼听闻经文后皆转生忉利天。

佛教主张的这种放生，在中国始于隋朝。隋代天台宗创始人智𫖮曾舍身衣，劝募于临海渔民，建放生池63所。唐肃宗乾元二年（759年）曾颁圣旨，在天下81处地方设放生池，并请书法家颜真卿书写碑文。宋真宗天禧三年（1019年）批准名僧遵式所奏，以西湖为放生池，于每年四月八日佛诞日

放生法会

在西湖举行浴佛的同时举行放生法会，以此为宋天子祝寿。宋仁宗天圣三年（1025年）知礼又奏，请以南湖为放生池，并建立在佛诞日举行放生会的永久性的制度。此后，放生会就成为中国寺院普遍通行的重要法事之一。

慈善事业

中国古代的佛教僧人，依据福田功德思想，在寺院生活中除了勤苦修行，严持戒律外，还要从事许多有益于社会的各种慈善事业，诸如救灾济贫、施药治病、修路架桥、挖井造林等。在中国佛教史上这类慈善事业是书不胜书的，下面各举几例以为说明。

救灾济贫。古代中国灾害频繁，特别是水旱灾害。灾害给百姓带来无穷的苦难。中国佛教僧人特别关注救灾济贫，尤其表现在祈雨和贩灾两方面。关于祈雨的法会早在东晋时代就有了，至唐代则十分盛行。唐僧道世编的百卷本《法苑珠林》专有"祈雨"篇；著名的佛经翻译家不空的《表制集》中载有多篇有关祈雨的表文，如《恩命令祈甘雨表》《恩命祈雨三藏和尚贺雨表》《青龙寺僧昙贞贺祈雨赐物表》等。佛教寺院在大灾年，常常举行斋会，在寺院门口用大锅煮粥，分给饥民食用。

在中国佛教史上有许多僧人救济饥民的感人故事，如南北朝时代有一名叫法进的和尚，不忍饥民受苦，把自己身上的肉一刀一刀割下来分给饥民食用。这件事感动了官府，开仓赈饥。在隋朝末年的战争年代，一名叫法素的和尚，劝说寺僧将寺内两尊金佛像熔化后换成米，赈济饥民。隋朝，京城会昌寺僧人德美，年年都要周济饥民。当时，每当仲夏，寺院都要置盆于大殿前，接受信徒和施主们的供物，称"普盆钱"。之后，德美将普盆钱均分给穷人。无尽藏、长生库等，虽说都带有取利的性质，但从寺院说，其创设的宗旨还是为了积累一定数量的财富，在灾年救济饥民，有所谓"化度寺及东都洛阳福先寺之无尽藏……其布施亦为救济贫穷人等"（《全唐文》卷十八）。隋唐以来，各寺院还设有"悲田坊"，这是寺院专为收容孤老的一种慈善事业。有这样的记载，因唐武宗的废佛，"僧尼尽以还俗，因而悲田坊则无人管理与经营"，后经李德裕的奏请，由国家拨给这些悲田坊"寺田"，以"充其基金"（《全唐文》卷七〇四）。

施药治病。"供养病人"是僧人的八福田之一。佛教律典《梵网经》把见病人"不行救赎"归入犯戒，并指出，如果是佛教僧人就应当像对待佛那样对待一切有病的人。佛教论著《大乘庄严经论》提出菩萨有九种修行，其中的"善行众生"一条中说："若有病苦，常行救济，不生疲怠。"正因为这样，中国佛教僧人十分重视施药治病。在佛教史上，曾出现过许多以医病著称的神僧，他们中有东晋时代的佛国澄、竺法调、竺法旷；南北朝时代的那连耶舍、昙鸾；隋唐时代的法进、波颇、法喜、神智等。他们精通医术，或者常住一寺，或者游行村落，为病者解除痛苦。南朝萧齐时代，信奉佛教的太子文惠与其弟竟陵王萧子良设"六疾馆"，专门收容病人；北魏齐宣帝永平三年（公元510年）设"疗病所"。它们都可以说是最早与佛教有关系的医院。唐朝的"养病坊之设"也是"出身佛教"。据《太平广记》记载唐洪昉禅师的传记，洪昉曾在河南陕州建龙光寺，并在此寺中建"病坊"一所，收容病人常有数百人。洪昉靠自己行乞化缘来维持病人的生活，并为他们治疗，因此一天也不敢懈怠。他的事迹被武则天得知，受到特殊的礼遇。北宋初年，继承唐代养病坊的传统，在京城设东、西、南、北四福田院，由僧人负责。北宋末年，改福田院为居养院。南宋以后其名称更为多样，有称利济院，有称安养院，均由寺田供给所需。这些机构，在开始时均兼有收容病人的职责，再后，则把专门收容病人的机构称为安济院。有些寺院还设有药局，如元好问曾撰《少林药局记》一文，专门讲述少林寺设药局的始末。宋神宗元丰六年（1083年）文彦博曾在龙门胜善寺开办药局，选僧人中知药理者主持，并撰写了《龙门山胜善寺药寮记》一文，述其原委。

挖井植树。这是造福百姓的功德事，佛教僧人对此十分重视。僧人开挖的专为百姓服务的水井称"义井"。隋朝初年，僧人通幽开凿四眼井，并设漉具，供百姓使用；唐初京城弘福寺僧慧斌，为报答父母恩，在汶水之滨开挖义井；唐代名僧澄观在江宁普慧寺及北门凿井以供民众等。佛教僧人还积极参加水利事业，围湖造田，凿石通渠。南宋抗金名将李纲曾有诗称赞僧人的行为："僧坊有能事，致、远劳汲取。凿石为通渠，计里不计步……凉然饮濯余，灌溉及园圃。"在古代，凡是佛寺所在之地，僧人们总是不倦地努力植树造林，装点环境。僧人们植树造林的功绩是不可磨灭的。

架桥修路。这是又一功德事，中国僧人在这方面的事迹也不少。隋唐之际，四川僧人道渊，不忍看到渡锦水江的百姓因渡船倾覆而溺死的情景，发愿要在锦水江上造一座吊桥，最终以众人的力量实现了宏愿。宋朝，僧人募资架桥已蔚然成风。据《福州通志》记载，在福州晋江县，由僧人主持修造的桥有19座；在泉州，僧人共修桥44座。当时有一名叫道询

七层代表功德最高

的僧人，一生修桥 200 多座；另一位僧人普足也先后募资修桥数十座。在湖州（浙江吴兴）武康县，有 12 座桥是僧人修的。至于修路见诸记载的也不少。南宋理宗淳祐六年（1246 年）江苏句容县兴教院僧人觉先，率徒众在县城修街面路 242 丈（《句容金石志》）；大约同一时期，嘉兴崇德县崇胜寺僧道琛、文达与道民 30 余人共同负责，用了 5 年时间（1223—1227 年）修了 20 余里的石路（《至元嘉禾志》）等。

除上述几方面外，僧人还从事旅舍、浴室及公墓管理等多种公益事业，为民众提供方便。所有这一切都是中国僧人根据戒律的要求而从事的慈善事业。

知识链接

斋天

"斋天"是"供佛斋天"的简称，中国南方民间俗称"拜天公"的便是。

它是佛教特别是汉化佛教的一种法事。佛是三宝之一，佛和菩萨都是出家人，佛和等觉位的大菩萨，如在中国有道场的四大菩萨，都是七众皈依膜拜的对象。所以，寺院内每天早晚两遍上殿作功课都在拜佛，作法事也在供佛拜佛，用不着单提一笔。

可是，要是某种法事的主要供奉目的并不是以佛为对象的，应该说明，那也要把佛请来尊为上座就得单独提出来，另作安排。"斋天"就是这样一种法事，它供养的主要是"诸天"。

第三节
僧人的生、老、病、死、葬生

一个人出家为僧的最小年龄是7岁，并不是生而为僧，这与全民佛教的伊斯兰教及西方的天主教有别，因而在生的方面，中国僧人并没有什么与普通人不同的地方。

然而，佛教的许多理论在关于人生的问题上却有着独特的见解。这些理论中最主要的就是业报轮回说。佛教认为，众生，即一切包括人在内的有情识的生物，都因其所做的业因，即身、口、意三方面造作的善恶行为而得到报应，并在六道中轮回转生。作为轮回的主体，今世可能为父，但在下世就将变为人子；或者因为今世的恶行，在来世下地狱，或转生为饿鬼、畜生。有所谓"子非父母所致，皆是持戒完具，乃得做人"（《中本起经》卷上）。就是说，我之所以为人，而是我前世持戒严谨，没有恶行所得到的报应。

佛教还有一种理论，即十二因缘说。这种理论说，人生一切痛苦皆来源于人的无知（无明），因无知而追求贪爱，因贪爱才有人的生身，有生身才有老、病、死诸般痛苦。中国传统文化和伦理道德的基石是孝亲，是家族的亲情和国家社会的安宁，孝是做人的根本。正因为这样，在佛教初传中国的汉魏至南北朝时期，存在对佛教认识不全面情况，曾是儒道两家反佛的主要法宝。

中国佛教僧人强调孝亲始于西晋竺法护译的《佛说盂兰盆经》。这部经译出后，被视为佛教的孝经，特别是经唐释宗密注疏后，它的影响更大。唐代，在《盂兰盆经》的影响下，中国佛教僧人又假托佛说的名义，编造了一些专门提倡孝道的经典，其中最著名的就是《父母恩重经》。它进一步把儒家孝的思想融汇在佛经中，它问世后，中国的佛教界就掀起一阵歌颂孝道的宣传热潮，出现了一大批这方面的说唱文学作品，如敦煌文献中发现的《父母恩重经讲经文》《十恩德》《十种缘》《孝顺乐》《目连变文》《大目犍连冥间救母变文》《廿四孝押座文》等。这些作品把孝说成是成佛之本。

所谓"孝心号曰真菩萨，孝行名为大道场……佛道孝为成佛本，事须行孝向爷娘"（《廿四孝押座文》）。他们还广引儒家说教，如《父母恩重经讲经文》引《曾子》语说："夫孝者是天之经，地之义。孝感于天地而通于神明，孝至于天则风雨顺序，孝至于地则百谷成熟。"这些作品以老百姓乐于接受的通俗曲子形式，历数了母亲生儿的十大恩德，如《十恩德》说的"怀胎守护恩""临产受苦恩""生子忘忧恩""咽苦吐甘恩""乳抱养育恩""回干就湿恩""洗濯不净恩""造作恶业恩""远行忆念恩""究竟怜悯恩"，其词真切感人。如第一恩唱道："说着气不舒，慈亲身重力全无。起坐待人扶，如恙病，喘息粗，红颜渐觉焦枯。报恩十月莫相辜，佛且劝门徒。"第五恩"乳抱养育恩"的歌词是"抬举近三年，血成白乳与儿餐，犹恐更饥寒。闻啼哭，

延寿堂

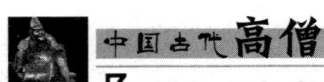

坐不安，肠肚万计难翻，任他笙歌百千般，偷眼岂须看。"

通过大肆宣传，佛教的孝亲思想也成为唐以后中国佛教弘扬的中心教义之一。中国禅宗的实际创始人六祖惠能说："心平何劳持戒，行直何用修禅，恩则孝养父母，义则上下相怜"，把佛教的修行与孝道紧密地联系起来。著名佛教史家、《传法正宗记》的作者契嵩，著《孝论》12篇，认为孝"是大戒之所先"，即孝是佛教僧人首先要奉行的律条。明末四大高僧之一，天台宗传人智旭的《灵峰宗记》，把孝说成是一切佛教教法的根本，所谓"世法，出世法皆以孝为宗""儒以孝为百行之本，佛以孝为至道之宗"。应该说，在唐以后佛教在民间的深入发展，与佛教推行孝道有着极大关系。

据《敕修百丈清规》记载，父母疾病丧死，僧人均可请假探亲或奔丧，时间不限，书中说："古云，请假游山者常将半月期，过期重挂搭。依旧守堂仪，如迫师长父母疾病丧死者，不在此限。"又有说，父母死后，僧人奔丧以三日为期。

老、病

对僧人说，年龄并不是十分重要的问题，僧人并不是以年龄论长幼，而是以受戒时间的长短论辈分，所谓"僧不序齿而序腊，以别俗"。但人到老年，步履艰难，生活不能自给，需有人照顾。僧人也是这样。

僧人到了老年时，寺院就要给予一定的照顾。僧人到了老年，根据地位的不同，有不同的安排。如果是住持方丈，因年老有病，或心力疲倦，无力视事，辞职隐退，称"退院"。此时，他要进行一系列的清点交割工作，做到"簿书分明"。到退院的那一天，举行僧众集会，方丈升座，"叙谢辞众"。如果继续留在本寺，则安置在东堂居住，并有专人侍奉。

对于曾经担任过西堂、首座、维那、书记等两序职务的，有一定资历的高僧，当其年老退职后，为了表示优遇，让他们居住于单寮。这种特殊的寮舍最多住五六人，也有专人侍奉。

其他一般的年老僧人则移居"延寿堂"。延寿堂是专门为年老僧人设置的疗病休养处，又有延寿寮、将息寮、省行堂、无常院、涅槃堂等多种名称。

第三章 僧人的生活

延寿堂设专职的延寿堂主,以宽仁厚道、理事周密、善知因果的有德僧人担任,负责"看视病僧汤药、油烛、炭火、粥食五味常备供需。公界倘缺,若自己丰裕,结缘应付,或劝化施主措办;床席衣被狼藉秽污,为其洗浣,毋生憎嫌"(《敕修百丈清规》两序章)。又有说,最初,禅宗丛林将老年无病的僧人安置在"安乐堂",有病的僧人安置在延寿堂。

中国佛教寺院中的老病僧人虽然受到多方面照顾,但生活仍然是十分凄惨的,在《缁门警训》卷八《勉僧看病》诗中写道:

四海无家病比丘,孤灯独照破床头。
寂寥心在呻吟里,粥药须人仗道流。
病人易得生烦恼,健者长怀恻隐心。
彼此梦身安可保,老僧书偈示丛林。

在卷九《省病僧》诗中也有类似的描述:

访旧论怀实可伤,经年独卧涅槃堂。
门无过客窗无纸,炉有寒灰席有霜。
病后始知身自苦,健时多为别人忙。
老僧自有安闲法,八苦交煎总不妨。

诗的作者均为禅宗名宿,他们既描述了老病僧人孤苦悲惨的生活境遇,同时也劝导丛林僧众对病老僧人给予关心。

《敕修百丈清规》有《病僧念诵》一节,规定僧人得病后,"乡人道旧,对病者榻前、排列香烛佛像,念诵赞佛",即寺院要把僧人的家人及亲朋请来,在病人床前诵念赞佛文,并在佛像前代表病僧进行忏悔,以求得寿命延长。如果病很重,还要十念阿弥陀佛,祝愿病僧"诸缘未尽,早遂轻安"。病人在经过诵念赞文、忏悔祈祷后,病情还无好转,估计难以救治,就要留下一份类似遗嘱的"口词",内容包括:僧名、本贯某州某地、俗姓、何年出家、在某寺出家为僧,并表明"今来抱病,恐风火不定,所有随身行李合烦公界抄札,死后望依丛林清规津送"。

寺院除为病僧进行祈祷外,还把病僧移送延寿堂治疗。治疗药物,按照佛教的说法共分四类,称"四药"。一称"时药",是僧人日常食用的食品,也就是维持僧人生命的每日早、午二时的饭食,如米、面、酱豉、齑菜等;

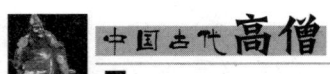

二称"非时药",又称"更药",指果汁一类的食品,这是专为治病而设的一种非时的食物,根据病情食用;三称"七日药",指能治病的食品,如酥油、生酥、蜜、石蜜等,在病后七日内服用;四称"尽形药",指一切可以治病的植物的根茎花果,略相当于中草药,如人参、甘草、枸杞、萱草、藿香、丁香等。

死

这是僧人一生中的又一件大事。人生在世,都有一死,古代中国人对死的处理都是十分关注的,因为死既是生者生命的结束,也是他一生事业的结束。一个人死后,不仅给亲朋带来哀思,也留下许多有待处理的问题,其中有遗体的安葬问题,还有遗产的分配问题。佛教僧人也是一样。

在一般人看来,僧人以寺院为家,独身生活,无牵无挂,好像没有什么财产问题。实际情况并不是这样,佛教寺院对僧人死后遗产的分配有着相当细致的规定。

在僧人将亡之际,延寿堂的值班僧人先要向堂主报告,由堂主禀告维那请封行李。行李,即将亡僧人的遗物。同时,延寿堂负责杂物的行者再请首座、头首(指西序的前堂首座、书记、藏主、知客等)、知事(指东序的监寺、维那、副寺、典座等)、侍者(又称"小头首",位次于两序,负责烧香、书状、请客及方丈衣钵等事,有六侍者)等各堂口的负责僧人到将死僧人床前"抄写口词",即为将亡者立遗嘱。此后,延寿堂的值班僧人同主管清理遗物的"执事人"共同清理将要亡故的僧人的遗物,一一开列清单,并分两部分封存。一部分是将为死者穿的衣服及随用物,指僧衣、鞋袜、念珠等,这些东西包在一起,交延寿堂主及值班僧人共同收管;其余物品由首座、维那、知事及侍者四方面的负责人当面封存和加锁,抬归堂司,清单及钥匙封押后交首座保管。如果将死僧人是曾经担任两序僧职而退职后居单寮的"勤旧",他的行李很多,可就地保存,由库司派专人看守。如果不是"勤旧"及没有事先向住持等负责僧人做过申述或亲自书写遗嘱者,其他人不得擅自私立遗嘱。佛教寺院的财产基本上被分为两大类:一类称"常住"财,又称

"四方僧物""重物",这是寺院共同的财产,是不能分配的财产,也不能随意买卖,僧人个人更不能据为己有;另一类称"现前僧物",又称"轻物",这是指僧人个人随身需用的物品。这些财物在僧人死后是可以分配的。

按照道宣的分类,僧物可分为13种:

一、"多有僧伽蓝",属重物,指私有小寺、庄宅、店肆等。

二、"多有属僧伽蓝园田果树",属重物,指寺内外所有园田、果茶、谷米、各种用具等。

三、"多有别房",指寺院内外,村落郊野由僧人自乞或他人所施而建造的房舍。这类房屋僧人在世时原则上是常住僧物,死后可据财产的来源决定如何分配。

四、"多属别房物",指别房的窗户、帘幛、竿桁、抨阁、壁钩等,属重物。

五、"多有铜瓶、铜瓮、斧凿、灯台"等,为重物。

六、"多诸重物",包括做衣服的工具、玩具、治病的器械、内外经籍、乐器、金银宝器、彩画装饰物等。是重物、轻物,依具体物品而定。

七、"多有绳床、木床、卧褥、坐褥"等,为重物。

八、"多有伊梨延陀、毳罗、毳毳罗"。伊梨延陀为鹿,毳罗、毳毳罗同为兽名。这些指珍贵皮毛,属重物。

九、"守僧伽蓝人",指寺院役使的施力供给、部曲客女、奴婢贱隶以及家畜、野畜及猫狗等,属重物。

十、"多有车舆",包括乘御、送终器、祭器等,属重物。

十一、"水瓶、澡灌、锡杖、扇"等,属重物。

十二、"多诸杂作器具",包括铁器、陶器、皮器、竹器、木器五大类,为重物。

十三、"衣盔、坐具、针筒、盛衣储器及剃刀"等,为轻物。同时又把寺院所有的财产按其性质分成四类,即:"局限常住僧物",即只归

僧人的坐化缸

一寺的恒产，指田园房宇、山林池泽及人畜等；"四方常住僧物"，指食物；"四方现前僧物"，指施主的布施物，如衣、药、别房；"当分现前僧物"，指供众僧资身的为个人所用的物品。前三类属僧人共有财产，属重物，不能分配，僧人也不能私有。第四类属轻物，可以分配。

重物和轻物又分别被分成"性重"和"事重"、"性轻"和"事轻"两类情况。如房舍，是寺院的不动产，属性重；内外经籍，事关佛法重事，属事重。又如白衣，即俗人的衣服，戒律规定不能穿着，故属事重。

总之，在僧人亡故后，他的财物只有一部分可以在僧众中分配，或留给他的弟子。

在寺院中，遗物在僧众中的分配，是按照一种严格的程式进行的。对此，《敕修百丈清规》有详细记载。首先是"估衣"，即对亡僧衣物一一标号、估价。过程是：亡僧的遗物在住持及两序头首在场的情况下，打开笼包，把它们排列在席子上，先由维那一件一件估价。价钱可估低一些，这样僧众分配时可以获得一些利益，以为亡者"荐福"，维那估算的价钱，再请首座"折中"，议定拍板，由知客和侍者登记入账。开列清单，并将写有价钱的标签，贴在每件衣物上；再依编号放回笼包中锁好，钥匙交首座保管，这就是估衣。经过估衣的遗物，包括方丈在内的任何僧人都不得以公用为由随意取走。

经过估衣的遗物，再通过"唱衣"，公开进行分配，类似于拍卖。唱衣一般在斋后于僧堂前进行。唱衣前，方丈、首座及两序首脑，依次对坐于僧堂前。在僧堂入门处安放桌椅，桌上放"笔砚，磬、剪、挂络"等物，地上铺好席子。准备工作做好后，堂司在方丈的示意下，鸣钟，集僧众于堂前。这时，维那、知客、侍者入堂，主持唱衣，唱衣的第一步是由堂司把笼包扛到方丈及两序首脑前，从首座处领取钥匙打开笼包，将衣服取出，按号排列在席上；其次，维那鸣磬，当众剪破亡僧的度牒，表示注销僧籍；然后由维那依次唱念亡僧衣物的编号和价钱，需用者在堂下应唱，侍者一一记下应唱僧人的名号，一直依次唱完。唱完后侍者在三日内依名分配。这种唱衣的仪式一般在亡僧火化以后举行。

僧人亡故后，其一部分遗产，还可以由僧人的家属及亲朋继承。上面已经提到，僧人临死前，首座、两序等寺院首脑同到床前"抄写口词"，即为将死者立遗嘱。但这种口词，是在"乡人道旧"在场的情况下做出的，这是因为其中有遗产继承权的问题。当然，家属道旧继承的绝不是寺院本有的财产，而是亡僧生前由其家属及道旧提供的财产。

葬

佛教产生于印度，我国古代僧人的死葬在很多方面受印度佛教传统习俗的影响。

在古代印度曾流行四种葬法，即水葬、火葬、土葬、林葬。据《法苑珠林》"送终"篇称：西域之葬法有水漂、火焚、土埋、施林四种。《大唐西域记》卷二也称：在印度"送终殡葬，其仪有三：一曰火葬，积薪焚燎；二曰水葬，沉流漂散；三曰野葬，弃林饲兽"。佛教创始人释迦牟尼病死于中印度拘尸那罗城外的熙连河畔，他就是火葬的。佛教僧人以释迦为榜样，所以一般以火葬为主。火葬在印度称荼毗，是一种焚烧尸体、收藏遗骨的葬法。据说，佛火化时，500弟子及天人等佛教信众各持薪柴，来至"荼毗所"，点燃大火梵烧佛的遗体，大火七日方尽，后回收佛舍利（遗骨）八金坛，由八国国王分别带走，建八座塔收藏。后至阿育王时代，统一了印度，他把摩罗伽国以外的七座塔打开，共得佛舍利84000粒，在天下建了84000塔收藏。

中国佛教僧人的死葬，一般也以火葬为主，也是火化后收其舍利，建舍利塔收藏。我国著名佛寺如嵩山少林寺的塔林，就是该寺埋藏历代住持等高僧舍利的塔群。但也有例外，如东晋名僧慧远，在遗嘱中要弟子将其遗体置于松树下，有如印度的林葬；我国著名高僧玄奘死后也没有火化，唐高宗是用金棺银椁将其全身埋葬，其弟子窥基也是全身埋葬的。

对于葬礼的隆重与否，是根据亡僧生前的地位而定的。就是说一般僧人死后并不举行葬礼，也不戴孝哭丧，不举行任何佛事活动，只请首座主持一个简单的送丧仪式火化即可。住持等首脑僧人亡故，则要举行葬礼。这种葬礼《敕修百丈清规》也有记载：

首先是封收亡僧衣钵行李；由堂头行者向寺院上下报丧，僧众集会吊慰；发讣告；请主丧，一般以"诸山名德"，或"法眷尊长"，或本寺首座担任；

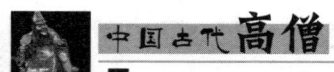

由弟子、小师或侍者亲随为死者洗浴，着衣净发入龛（即装殓入棺），在龛前设供，二时上粥，三时上茶汤；做入龛佛事：主丧人居主位，首座两序分座，上香，方丈及众僧插香礼拜，举哀；分发孝服，侍者小师着麻布裰（衣），两序诸职事僧着苎布裰，主丧及眷属中的尊长者穿生绢之裰，其他亲眷乡里、办事僧及退职老僧系生绢腰帛，一般信众施主系生绢巾腰帛，其他各类杂事人员穿麻布或巾。入龛三日后掩龛（盖棺），后移龛于法堂，挂帏幕，中间法座上挂亡者遗像，安位牌；"广列祭筵，用生绢帏幕，以备上祭。下间置龛，用麻布帏幕，前列几案，炉瓶素花，香烛不绝，二时上茶汤粥食。"后"鸣僧堂钟，集众请移龛佛事"；小师及方丈行仆经夜守灵，每日二次或三次上祭，诸山师德及施主"上祭到门"，知客接待，报丧司送孝服。然后上祭，起龛出丧，由丧司、维那进香，做起龛佛事，"鸣大钟诸法器送丧"。主丧领众，排成两行，齐步并行，"毋得挨肩交语，各怀悲感"；至茶毗所（火化场），由小师、乡人及法眷看守火化并收遗骨；收遗骨后，迎遗骨回寝堂安奉；起遗骨入塔，迎牌位入祖；最后送主丧、乡里及其他施主人等，葬礼结束。

如果丧者是住持，此后还要议举新的住持。

知识链接

浴佛

浴佛：是模拟悉达多太子降生时，九龙吐水洗浴圣身的情况，前面已经简单提过。实际上，早在佛教诞生前，古代南亚次大陆早有以洗浴自身乃至浴圣者像使身心内外清洁的社会风俗。佛教的浴像，恐怕还是从古代婆罗门教等外道那里学来的。传到中国，曾有一度似乎发展过头，提倡日日澡沐尊仪，说是可以获大利益。这种说法是留学名僧义净首先传述的，说不定是"五竺多热，僧既频浴，佛亦勤灌耳"的日常生活投影。

第四章

魏晋隋唐时期的高僧

魏晋南北朝至隋唐这500多年的时间，正是我国佛教发展直至全盛的时期。其中的一个表现就是大量的佛经传入中土，并对它们进行了翻译。另一个表现就是涌现了一批有名高僧，比如鸠摩罗什、玄奘、一行等。这些人中有不少历尽千难万险西行求法，比如法显、玄奘，正是他们的努力推动了中国佛教的进一步发展。

第一节
魏晋南北朝高僧

高僧导师佛图澄

佛教传入中国后，直到佛图澄那个时候，影响仍不太大，主要只是在一些民间信徒中流传，官方也禁止汉人出家。西晋末年，战乱频起，民不聊生。佛图澄看准这一历史机遇，于永嘉六年（312年）从西域来到华北，施展种种神通异术和智谋策略，取得后赵开国皇帝石勒极大的尊崇信任，以僧人身份而成为国家高级军、政顾问，并利用这种地位，为推动佛教在中国的立足、传播和发展，起了特殊的重要作用。

佛图澄深知石勒这等乱世枭雄，本无法晓以深玄之理。但是，要使佛法弘传，又必须利用依靠其力量。他早已看准，列强纷起，诸雄争霸，唯有石勒是较能成气候之人。石勒自我评价甚高，曾说过，要是遇到汉高祖刘邦，他甘心做臣属，可听命驰驱；要是遇到汉光武帝刘秀，他可与之并骋中原，共争天下，不知谁胜谁败。因此，当今天下各路豪杰，他都不放眼中。石勒又认为，曹操、司马懿之流，只是从孤儿寡妇手中窃天下，不能算作英雄，大丈夫不这样行事。因此，他在军事之外，又重视政治措施，关注人心教化。所以，石勒必会倚重佛教。

但是，北方游牧民族素重巫术，最敬畏身怀神通之人。佛图澄觉得对石勒也如此，最好便是以闻所未闻的神技魔术，搅动其心，他决定找个合适的机会。不久石勒率军还河北，路过枋头（今河南省浚县）宿营。佛图澄他们安顿完毕，便去袭扰他们。只见郭黑略报说："佛图澄先生命臣报将军，今晚有贼人劫营，可早作防备。"

石勒于是作了些安排。半夜时分，果然有枋头人聚众来袭。因为事先已有防备，才未受损失。

但石勒也非等闲之辈，否则怎能叱咤一时风云？他思忖这老头儿的确有些本事，不过自己这一生，神神鬼鬼之事，见识过不少，知道这种事虽不可不信，但也未必就可全信。

是夜，石勒冠胄衣甲，执剑在手，中军帐中坐定，命人传唤佛图澄，就说夜来不知道大将军去了何处，要佛图澄来中军帐看看。心想，若这老头真来这里找我，便是还无甚神通，一剑砍了算了。

使者到佛图澄处，尚未开口，佛图澄已经瞪眼喝道："荡荡清夜，安居无事，大将军却是全身披挂，准备杀人，到底为何？"

使者大吃一惊，吓得魂飞魄散，一句话未说，转身飞奔回去报告："大将军，圣人早知道一切了！"

石勒不动声色，慢慢起身解下衣甲。心道，这老头或许真的神通非凡，或许早有耳目通报，但无论如何，机警如此，的确不可小觑，留着只怕会成后患。本想试探一下，这一来倒真动杀机。

然而派出去的人再赶到佛图澄住处时，已找不见人。手下人回报石勒，石勒大惊，派出人四下寻找，终是杳无踪影。

石勒心中开始不安，难道这真是个圣人，能够预知一切？他通夜不寐，只想再见到佛图澄，不断催人再找，焦躁已极。

晨曦微展时分，石勒忽听背后声响，一转身，见佛图澄披一袭晨霭，已站在门口。石勒急步上前，执住双手问道："圣人昨晚何处去了？"

佛图澄微微笑道："昨夜，公不知为何心生怒意，故在下权避一时。如今知道公已改意，故来相见。"

石勒只得笑道："哪里，哪里，圣人预知一切，孤如何敢心怀异想。"

其实，郭黑略早已从佛图澄受五戒，做了他的入室弟子。昨夜，佛图澄得了密报，或许就在郭黑略处藏身。士兵们奉命寻人，上穷碧落下黄泉，即便知道"圣人"行踪，又有谁肯去捋虎须，上郭大将处搜索？

以后，石勒又试过几次。而佛图澄信徒众多，信息极灵，更加处处谨慎，遇事机警，每次都安然无恙。

　　东晋咸和八年（后赵建平四年，333年），石勒死，长子石弘即位。第二年，石虎杀石弘自立。之后，石虎迁都于邺（今河南省临漳西南），大造宫室，昼夜荒淫。人民脂膏，几被吸尽。百姓饿殍遍野。石勒一向滥杀无辜，石虎更十足是头野兽。他暴虐无道，打仗获胜，常将对方降卒成千上万活埋。平日更是严刑酷法，穷奢极侈，劳役繁兴，动辄诛杀，百姓简直哀告无门。

　　佛图澄知道，此后，为人处世，更须慎而又慎，既为天下苍生，也是为了自己。

　　东晋建元元年（后赵建武九年，343年），石虎发兵讨前燕慕容皝，大败，伤亡8万余人。十二月，石虎伐前凉张骏，又大败而归。四方告急，东晋大将桓温率军进驻临淮，对后赵构成巨大威胁。国中人心惶惶，石虎坐卧不宁。

　　一日早朝，佛图澄一入殿，石虎就怒气冲冲道："朕一向奉佛供僧，却一再征伐失利，请问，这佛法又有何用？有何神验之处？"

　　佛图澄此时已经111岁高龄。他身披豆灰布袍，在满殿金碧辉煌之中，更显得风姿祥雅。活到了这把年纪，实在已是深谙人情世故。这时，他沉吟不语。石虎见他面色冷漠，心中便动杀机，正要发话，佛图澄已缓缓而道："佛法如何不神验了？想当初，咱俩一起在罽宾（今克什米尔地区）参加大法会，当时有人就说，你这位大商人，举办这场法会，供养阿罗汉，功德不小，将来必得福报，一定会做晋地国王。现在，你不是已经做了晋地国王吗？佛法神验至此，怎么竟说不神验？"

　　石虎听了这番话，丈二金刚摸不着头脑，不知怎么回事。他10多岁开始，游荡无度，强悍善斗，残暴嗜杀，先被石勒之父周曷朱看中，收为养子；周曷朱死后，又投靠石勒，做了石勒养子。这一生，过的都是刀头舐血的日子，征战杀伐，跟随石勒打天下，以军功爬升。石勒死后，他杀石勒之子石弘，窃得后赵帝位。天晓得，什么时候做过什么大商人，什么时候又到过什么罽宾？

　　佛图澄盯着他，从从容容道："陛下没忘记吧？不就是前世之事么。"

第四章　魏晋隋唐时期的高僧

前世？石虎更觉神神鬼鬼。心里深处，他对佛图澄这种神通广大的人，由于捉摸不透而深怀敬畏。因此，对那些不着边际的东西，大都是宁可信其有，不可信其无的。这一来，云里雾里，恍然便觉得的确像是有过这样的事。

佛图澄合眼道："疆场军寇，胜败得失，本是兵家常事。陛下如何可以动不动就怨谤佛法，而且心中还暗兴毒念？"

石虎见心中想的一切，都被他点破，吓得当下离座，推铁山，倒石柱，向佛图澄双膝跪下，连称谢罪。

佛图澄将石虎扶起，再告座毕，石虎言行举止，毕恭毕敬，想到身为帝王，有些事总要弄得明白些才好。他问："大和尚，朕总想问问，这佛法，到底是什么？"

佛图澄道："简而言之，佛法就是不杀。"

石虎一愣，心想自己正是靠了杀人如麻才有今日，如此说来，不正是同佛法背道而驰？他担心道："朕为天下之主，非刑杀无以肃清海内，常常必须违戒杀生，如此说来，朕即使诚心供佛，也是同佛法无缘，不能获福了？"

佛图澄因势利导，说道："这倒不然，帝王贵为天下之主，自然不应与一般人相提并论。对于陛下而言，只要做到体恭心顺，诚恳供佛，不为暴虐，不害无辜，还是能获福报的。"

石虎认真倾听。佛图澄又道："不过，对于凶愚无赖、不可教化之徒，对于有罪不可不杀、有恶不得不刑之辈，该杀还是要杀，该刑还是应刑。只是必须是，对不得不杀者才杀，对不得不刑者才刑。否则，若陛下以天子之威，反而暴虐恣罪，杀害无辜，那么即使诚心供佛，只怕也是会无解祸殃的。因此，愿陛下节欲兴慈，时时谨记。则必能皇位永续，子子孙孙，福祚绵延。"一席话，说得石虎满脸惶恐，频频点头，连称在理。

由于佛图澄的影响，北方出家信佛的人越来越多。人民也以此作为逃避苦役残杀的方法，佛教的影响越来越大。各州郡中，佛图澄主持建造的寺院竟达893所，兴隆之状，可谓空前。但这样又带来了问题，各地造寺院竞尚高广华丽，费财竭产，穷奢极欲；百姓大量出家则使劳动力锐减，国家税赋减收。加上出家僧人之中，又难免良莠间杂，常有一些秽闻污事传出。对此，朝廷上下，议论纷纷。

103

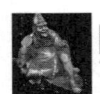

石虎特为此下诏，要臣下讨论如何看待此事。中书著作郎王度等人上疏，以儒家正统理论为依据，指出，"佛"是外国之神，华夏之人，不应如此崇奉，建议禁止佛教流行。

这些书生却不想想，石虎和石勒，本来出身"胡羯"，现在做了华夏君主，已经不符合以往那种儒教正统。石氏所需者，便是在以往所谓正统观念之外，为自己做帝王寻找理论根据。何况佛图澄的教化行为以及巨大号召力，对于巩固政权统治，起到了不可估量的作用。石虎下诏，对王度等人的看法予以坚决驳斥，明确表示，自己本是生于边壤之人，如今入主华夏，正应信奉来自外国的"戎神"，何必拘泥于前人迂见。并明文规定，赵国一切人民，皆可信仰佛教，自由出家。

虽然佛教在流行中，也有种种弊端。但是比较起来，对于统治者，毕竟利大于弊。这样，在中国历史上，佛图澄首次使最高统治者把佛教正式纳入国家保护之下，借助国家政权力量来发展佛教事业。

从此，佛教从一种民间宗教信仰，登堂入室，一跃成为一种官方意识形

得道高僧

态。这一来自异域的文化形式，与中国固有的传统文化，开始血肉交融。

在对于佛图澄的尊崇和依仗上，随着时间推移，石虎与石勒相比，更是有过之而无不及。他下诏颁告天下："和尚是国之大宝。但其身为和尚，不能加其高官厚禄，如此怎么向天下表彰其高风亮德？此后，特请和尚穿绫锦、乘雕辇。和尚上朝，常侍以下官员，都应为其推辇。和尚下车，太子以及诸公，都要两旁挽扶。"

佛图澄自己，尽管朝野都敬奉若神，却从无丝毫骄矜放纵，始终严守戒律要求。每日中午之后，便不再进食，也从不饮酒。其人格道德，亦足以风范当世。

当时，郡国分崩，黎民涂炭。佛图澄出而润泽苍生，功德无量。若无佛图澄，则天下更不知将如何。而因此达到的维持统治的效果，使后世一些封建统治者，也开始大力倡导和利用佛教。佛图澄晚年最重要的成果之一，是收下了一名杰出的弟子，一位名叫道安的年轻人。此时，北方鲜卑族慕容氏已日益强盛，而石氏继续荒淫无度，佛图澄早已看出，后赵难免内乱，可能将被慕容氏所灭。一日，佛图澄以隐言告石虎，只道昼寝而梦，见群羊负鱼，从东北而来，似乎不祥，暗示"鲜"卑将占领中原，而石虎始终不悟。

佛图澄告诉道安等弟子："佛经云，若要建立正法，则应亲近国王。我以道术，令二石稽首，使胡人皈依，让百姓蒙益，促佛法得一时之盛。然而，要使佛法深入人心，传之久远，还须靠哲学义理。"道安以后在佛教哲学等方面有极高成就，果然未负师父厚望。

永和四年（后赵建武十四年，348 年）十二月八日，佛图澄在邺宫寺逝世，终年 117 岁。石虎闻讯，悲恸呜咽。第二年，石虎死。石虎死后，石氏子孙互相残杀。次年，后赵亡。

一代神器：释道安

道安出生之时，佛教自两汉之际传入中国已有 300 余年。但是，从两汉到曹魏 200 多年间，佛教只是在皇族和上层贵族少数人中间产生影响，整个社会对这一外来宗教并没有给予特别的注意，法律也严禁中国人出家。因此，终两汉之世，内地汉人中没有一人抛妻别子，出家做和尚的。

直到260年，始有颍川人朱士行受戒出家赴西域求法。据说，这是"汉人皆不得出家"而破禁的开始。自此以后，便陆续有不少内地汉人出家，佛教走下贵族神坛，进入社会广大民众中间。

传说尽管道安从小聪明绝顶，但却生就一副不讨人喜欢的丑陋外貌。他皮肤黝黑，身材难看。在寺庙僧众中，法师对他不屑一顾，从进入寺庙的第一天起，便让他与其他下层僧人一道，在寺院所属的土地上从事田间劳动。

春去秋来，一晃三年过去，道安长期执役于田间劳动，勤勤恳恳，毫无怨言。他辛勤劳作，心笃佛事，虽然未能亲聆法师的讲经传授，但寺中斋戒及其他劳作之余能够参加的佛事活动，他从来没有缺席过一次。有一天，道安终于鼓足勇气，开口向法师借佛经阅读，法师给他《辨意经》一卷，约5000字。这是道安出家数年后第一次接触佛经，他欣喜无比，小心揣入怀中，带到田间利用休息时间拿出来阅读。当晚收工回寺，他便把经书归还法师，并请求再借别的经卷。法师很不高兴地责备道安说："借给你的经卷没读完，怎么又贪求别的经呢？"道安恭恭敬敬回答说："老师给的经卷，我已经全部记诵在心了。"法师一怔，但并不相信，甚至连想要抽查一下的兴趣都没有，随手又把一卷近万字的《成具光明定意经》递给了道安。第二天日暮黄昏，劳动回寺的道安又去还经借经，法师当即手执经卷，让道安复述，道安流畅背出，不差一字。法师大吃一惊，面对这位腼腆少年，内心愧疚，感叹不已。

从此，道安脱离了田间劳役，在法师的指导下研习佛经。法师对他特加照顾，经常在私下为他讲解。他夜以继日，勤奋苦读，很快熟悉了不少经论。一转眼的时光，道安20岁了，法师集合寺庙僧众，亲自为道安授了具足戒（即大戒，"具足"意为各种戒条完全充足，佛教一般对年满20岁以上的男性出家者授与此戒）。受具足戒后不久，法师看出他非自己所能指导，便让他外出游学，从此，在战乱此起彼伏的中原，又多了一位奔波不止的僧人。

传说道安离开生活了八年之久的寺庙后，四海游学。335年，道安游学来到后赵京师邺都（河北临漳县）。当时正值后赵盛强，北方大部分地区都属其武力统辖范围。为了加强对各族人民的精神奴役和思想统治，后赵统治者提倡佛教，允许各族人民出家为僧。邺都当时广修寺宇，僧众云集，是北方佛

第四章　魏晋隋唐时期的高僧

教活动的中心。道安来到邺都后，以十分虔诚的心情求见了被后赵统治者奉为"大和尚"的北方佛界领袖佛图澄。

二人一见如故，交谈了整整一天，大有志同道合、相见恨晚之感。佛图澄的门徒见道安相貌丑陋，全不把他瞧在眼里，但见自己的老师对他特别看重，极为友好，不免心里纳闷，觉得十分奇怪。佛图澄看出他们的心思，对他们说："你们可别小看此人，这个人的见识，远不是你们能够相比的。"道安就此留学邺都，做了佛图澄的关门弟子。在佛图澄众多的门徒中，道安后来居上，以特别的才能被破格提拔为大弟子。每次佛图澄升座讲授，道安都能按老师的吩咐再次复述一遍。开始时，其他门徒很不服气，暗中串通一气，相约待下次复讲时，群起提问诘难，让道安当场出丑。果然，下一次道安复讲，众人相率提问，疑难蜂起。道安从容应对，答辩有力，挫难解纷，游刃有余。众门徒这才心悦诚服，私下议论说："这个黑和尚果然厉害，出语不同凡响。"的确，此时的道安犹如一块璞玉浑金，经过佛图澄法师的悉心打磨后，开始闪现熠熠光辉。

为了广采百家探求妙旨，道安离别佛图澄恩师后，来到了濩泽（今山西阳城）。在濩泽时，他刻苦钻研，在孤寂的山林中埋头奋进。公元351年，道安与竺法汰来到了雁门飞龙山（今山西浑源），与已在那里的僧光、道护等人相见，几位大师见面后都十分高兴，便一起探讨思索。其后，道安来到恒山，千辛万苦建起寺院，一时好学人去拜他为师，他的名声开始传开。这时随他受法的人占了河北的一半——自然这不用吃惊，因为经过几十年不断的杀戮，这地区已是人烟稀少，有的县不满百户。这些幸

释道安画像

107

存者或许是抱着不愿再做刀下鬼，或即使做鬼也早得超度的念头才皈依佛门的。武邑太守卢歆听说他道业高深，便登门苦苦邀请，道安推辞不过，只得下山讲经，这样一来从者更多。

　　道安佛学高深、声名远播，四方的饱学之士竞相前去拜他为师。望族贵胄也纷至沓来。征西将军桓豁正镇守江陵，邀他前去暂住，朱序出镇襄阳，又将他请回去，与他交游颇深。朱序每每感叹："道安法师真是学道的渡口，明理的桥梁，陶冶人的作坊！"道安有感于白马寺地方狭小，便又选址重建新寺，新建的寺取名檀溪，巨富大贾纷纷解囊捐助，无不给以赞助，于是建成五层宝塔，四百间房。道安大愿已成，感叹道："立刻死掉也无遗憾了。"那时北方的前秦已日渐强大，前秦皇帝苻坚素仰道安为人，见他新寺竣工，也派人送来外国金箔倚像、金座像、结珠弥勒像、金缕绣像、织成像各一尊。每一举行法会，众人齐集，都罗列众像布置幢幡，珠琨交相辉映，香烟四处弥漫，僧俗无不肃然起敬。

　　东晋是中国佛教在地域上由北而南传播发展的重要时期，道安通过与东晋达官贵族、名人士大夫的交往，不仅扩大了本人的影响，更重要的是借助在东晋上层社会的力量，加速了整个佛教事业在南方广大地区的传播。与此同时，道安对早期佛教传播发展的重大贡献，还表现在寓居襄阳期间，创立了佛教般若学的重要学派之一"本无宗"。

　　从两汉到东晋，佛教传入我国后，逐渐形成了般若学和禅学两大体系，般若学偏重佛教义理研究，禅学侧重僧徒践履修持。道安虽然对这两大体系都有极深的造诣，但相比之下，更醉心于大乘般若学义理的研究。由于两晋时期般若学的研究深受"格义"方法的影响，因此，道安的般若学思想，不可避免地要打上很深的"格义"烙印。

　　道安早年在飞龙山时期，曾反对用中国老庄哲学概念去比附佛经以求触类旁通，批评这种被称为"格义"的方法"迂而乖本"，偏颇不合佛教真谛。但理论上的反对、批评，和现实中的传教实践，毕竟是两码事。佛教在中国社会广泛传播的过程，就是被中国传统思想文化不断改造、不断变通的过程。中国现实社会的政治需要，决定了外来佛教必须中国化，这是佛教传播过程中不以传教僧人意志为转移的客观发展趋向。因此，移植中国土壤而不受中

第四章 魏晋隋唐时期的高僧

国固有思想的渗透改造，纯之又纯的印度佛教是不可能存在的。道安传佛的时代，正逢中国思想史上玄学盛行。魏晋时勃兴的玄学，是以老庄思想糅合儒家经义应时而生的，作为一种新的唯心主义思想体系，在当时社会意识形态和上层知识界中占着绝对统治地位。佛教恰好于这一时期在中国社会普遍传播，它必然受玄学的影响，和玄学合流甚至依附玄学。这表明佛教作为外来宗教向中国本土化的方向发展。

道安南下到达襄阳时，东晋玄学空气尚盛，对玄学提出的本末、有无、体用等一系列重要范畴，大批清谈名士进行热烈讨论。他们优游讲席，反复辩难，不断振起玄风，在东晋上层社会造成很大影响。道安在襄阳弘法活动中，为了使佛法能为众多士族阶级接受，便迎合东晋朝野崇尚玄学的风气，刻意宣讲在思想上与玄学有着某些相似之处，或者大力宣讲颇受玄学影响的大乘般若学，把当时玄学的一些争论引入般若学研究，创立了在般若学众多学派中影响最大的"本无宗"学派。随着对般若学的深入研究，道安更加偏重对《般若经》的讲解。据说，他在居住襄阳期间，每年都要重复讲述《般若经》两次，从不废缺。

由于不断创立新解，适应江东玄风，因此，道安的佛法讲论受到东晋玄学家们的一致赞赏。十六国时期，前秦皇帝苻坚可算是一个英明君主了，他也极为笃信佛教。道安在襄阳弘扬佛法时，寺里好多珍贵的佛像和其他法物，都是苻坚派人送来的。苻坚此举，表明对道安的敬重，其中还有个更大的目的，就是渴望道安辅佐自己。

公元378年，苻坚遣大将苻丕率军南下，猛攻襄阳。战事骤起，襄阳危在旦夕，道安再次分张徒众，将门下数百弟子一并遣散，让他们各择去向，到自己愿意去的地方传法。道安的弟子慧远，就是在此时告别师门，率领部分僧众南入江西庐山的。慧远在庐山自立门户，聚众讲学，后来成为继道安之后东晋佛界的著名领袖。道安受襄阳镇将朱序挽留，继续留住檀溪寺。次年二月，前秦军队攻克襄阳，并把道安、习凿齿、朱序等人一并送往前秦国都长安。苻坚听到道安前来的消息，内心的喜悦溢于言表，反复对大臣们说，得到道安和习凿齿，是用兵襄阳的最大收获。

道安到达长安后还没洗去身上的尘土，苻坚便急急地传使召见，相晤与语，深为道安的道德学问所折服，优加礼遇，赏赐丰厚，安置道安于长安著名大寺五重寺，以备随时应召顾问。

五重寺规模宏大，有徒众数千名，都跟道安弘扬大法。他组织外国僧人伽提婆、昙摩难提、僧伽跋澄诸人，译出经典百万余言。他又常和法和审定音韵文字，详细考核修辞意旨，新译出众多的佛学经典，由此得以订正。他还孜孜不倦为诸经做注，他所释发的不合于佛的意旨，便默默祷告道："我所宏扬的如果离佛理不远，愿我佛现出瑞相。"时隔不久，他梦里见到一位白发长眉的梵僧。这梵僧对他说："你所注的佛家经典，合乎佛理教义。我不能入涅槃境界，住在西域，当助你弘通经义，可时时为我设食。"道安醒来，便为其设食，从不间断。后来《十诵律》传到，慧远才知道师傅梦见的是宾头卢。

净土始祖：慧远

334年，慧远出生于雁门楼烦（山西宁武）。他少年时即喜欢读书，勤学非常。十三岁时，便随舅父令狐氏游学于许昌、洛阳一带，当时许昌和洛阳是北方学术和文化的中心，在这里他精心研习了儒家和道家的典籍。虽然他还年少，但他的学识，就是那些饱学儒佛之人也为之叹服。

但是，慧远生不逢时。虽然博学多才，但处在一个祸乱横生、战乱不已的时代，年轻的慧远深感仕途维艰，前途渺茫，失落之中厌世之感油然而生。无论怎样，既然胸怀大志而无路可走，既然现实中找不到自己的位置，唯一能做的，便是超乎混乱之上。二十一岁时，慧远决定到江东去，与范宣子共同隐居。然而石虎恰恰在此时死去，石氏兄弟自相残杀，后赵国一片混乱，南去的路不能畅通，因而未能如愿。

此时，沙门高僧释道安在太行恒山（在今河北阜平北）创立寺塔，弘扬佛法，避世心切的慧远便与弟弟慧持前往拜会。见面之后，他深为道安渊博精深的知识所折服，对道安十分敬佩，以为"真吾师也"。后听道安讲解《般若经》，豁然开悟，喟然叹道："见识了精深的佛学，方知儒、道就像糠秕一样肤浅粗糙！"于是便与弟弟一同落发为僧，拜道安为师。出家后，慧远以极大的热情和充沛的精力游弋于佛学的海洋之中。他刻苦学习佛教典籍、钻研

第四章 魏晋隋唐时期的高僧

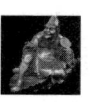

佛法，反复读诵、努力精进，夜以继日、无时或懈。他雄心勃勃，以统摄佛教事务、弘扬佛法为己任。加之他才思敏捷、文化素质极高、领悟力强，因之佛学造诣日臻深湛，在道安的数百弟子中脱颖而出，成为道安最得意的门生之一。道安的佛学思想属大乘佛教般若学的本无派，主张世界万物的本性就是"空"和"无"。

一天，慧远在讲《般若经》时，有个听众对般若学派宣扬的超时空的本体——实相，提出了许多疑问。慧远与之辩析，辩来辩去，非但没有说清，反而更增疑窦。于是慧远便引用《庄子》一书的概念去比附解释实相之义，才使听者晓然。这种以老庄哲学概念去比附佛教教义以求触类旁通的方法当时称为"格义"，道安曾反对这种"格义"方法，认为定是"迂而乖本"，偏颇不合佛教真谛。但道安自此以后却特许慧远在讲经时可用"格义"方法以阐释佛理。

时沙门道恒在荆州（今湖北江陵）一带宣扬般若学的"心无"之说，影响很大。"心无"说与"本无"说虽然都属大乘空宗，都认为世界是空幻不实的，但"心无"说认为"无心于万物，万物未尝无"，即是说世界万物的"空"只是因为人"无心"，而它本身未尝是空无的。这与"本无"派主张的世界万物从根本上说就是空无的观点差异极大。道安的学生竺法汰（320—387）奉道安之命到扬州传教，路过荆州时因病滞留。他认为道恒宣传的"心无"是"邪说"，应该批判，就邀请了荆州的许多名僧开会，准备在会上诘难道恒。他派高足昙壹代表自己参加辩论。

大会辩论十分激烈。昙壹与道恒各引经据典，反复诘难、针锋相对。辩论从旭日东升开始，直到日落西山，双方仍然不分胜负。于是决定暂时休会，第二天一早继续辩论。

恰在这时，慧远奉道安之命，风尘仆仆地赶到荆州探视生病的竺法汰。听说此事后，他当即找到昙壹询问辩论情况，并表示明天要同去参加辩论。第二天上午的辩论刚一开始，慧远就迫不及待地登台向道恒发起连续不断的进攻。一个比一个更难回答的诘难使素以善辩著称的道恒越来越感到难以招架，神色渐渐不安。为了掩饰窘态，他不断用麈尾敲打案几。慧远见道恒反应已大不如先前，便接着说道："你不是说心体什么都知道吗？那么何必搜肠挖肚地苦苦思索呢？"此时道恒急得竟无一言。慧远终于以他的雄辩战胜了道恒，"心无"一派从此一蹶不振，很快就衰落了。

据说慧远随道安在襄阳一起住了十几年。公元378年，前秦皇帝苻坚遣其子苻丕率十七万骑兵围攻襄阳，道安欲率僧团离开这个是非之地，但却为襄阳守将朱序所留，不得脱身。道安无奈，只好再次遣散众弟子，让他们奔赴各地传教。临行之前，道安分别对众弟子给予训诫，惟独对慧远什么也没说。慧远感到很疑惑，跪在道安面前请求道："今日辞别恩师，唯有弟子一人未蒙教诲，难道是弟子有什么过错吗？"道安忙扶他起来，充满爱怜地望着他说："你的为人和才能都很好，我还有什么可担心而要吩咐的呢？"可见道安对慧远是多么的信任。

慧远依依辞别了道安，遂与弟弟慧持带着几十个弟子南下荆州，栖居上明寺。慧远欲到罗浮山（在今广东博罗县境内）立寺传教，弘扬佛法，于是再次南下。途经浔阳（今江西九江市）时，为幽静秀丽、风景如画的庐山深深吸引，于是放弃去罗浮山的打算，决定隐居匡庐。那时，慧远的同学慧永在庐山西北香炉峰下的西林寺修道，得知慧远上山，遂邀他同居西林寺。

但是，自慧远隐居于西林寺后，慕名前来依随的僧人接踵而至，西林寺渐显偏狭。公元384年，慧永请求江州刺史桓伊说："远公正当弘扬佛法之时，现在他的弟子已非常多，而前来投靠他的人仍络绎不绝。我的西林寺住处窄小，难以容纳，您看如何是好？"桓伊于是答应为慧远另建一寺。寺院由慧远亲自设计，造型相当讲究，背靠香炉峰，旁边是飞流直下的瀑布，苍松翠柏错落有致，泉水绕阶而流，白云飘然而至。步入其中，

净土宗初祖慧远

令人神清气爽。慧远又在寺内另置禅室，每天训化徒众之余，静心参悟。

在这里，以慧远为首，由彭城刘遗民，豫章雷次宗，雁门周续之，新蔡毕颖之，南阳宗炳、张莱、张季硕等一百二十三人参与，成立了白莲社。他们在阿弥陀佛像前发誓：他们已知人生无常，既不愿再受地狱之苦，也不想享受天堂之乐，而是要潜心修习，往生西方净土。他们规定，因众人根器不同，先得超生者要帮助后进者，以达到共往阿弥陀佛所居的西方净土的目的。此后，中国的佛教中，便有了净土宗，慧远即被认做净土宗的初祖。

慧远入主东林寺后，在庐山设讲经台，不顾年老力衰，坚持不懈地为弟子们讲论佛经。他讲过的佛经有《般若经》《法华经》和《涅槃经》等。慧远虽然讲究佛教戒律，但他更注意以身作则、言传身教、以德服人，因而弟子们皆以他为道德楷模。在他的努力下，培养出了不少高僧。据称，慧远的弟子前后有三千多人，其中在佛教史上占有一定地位的高足有：慧宝、慧要、慧观、法净、法庄、法领、法幽、道流、道呙、道汪、道祖、道恒、道授、道温、道敬、僧济、僧彻、昙邕、昙翼、昙铣、昙顺，等等。

据说，慧远移居东林寺后，影不出山，迹不入俗，每送客，常以山前之虎溪为界，直到去世，再未离庐山一步。

涅槃圣者：竺道生

竺法汰是东晋有名的佛学大师，曾于晋哀帝兴宁三年（365年）到建康（今江苏南京）瓦官寺聚徒传法，受到僧俗广泛的敬重。他说法时，连皇帝往往也亲临听讲。传说竺道生在他的门下，表现得十分突出，诵习佛经，悟性超人。竺法汰对这个弟子非常器重，"道生"这个法名，就是他给起的。

竺道生十四岁时，竺法汰就让他登堂讲经。当时建康人才济济，以如此小小的年纪，就能升座说法，已是十分罕见。而竺道生讲说明白，论辩透彻，口词清朗，言语美得像珠玉，即便是一向有声望的老和尚，以及当世名士，都往往被他驳得理屈词穷，不敢与他争论。人人莫不夸奖：真是名师出高徒啊！

竺法汰死后，竺道生开始游学，希望吸取各学派的佛学成就，以进一步

提高自己的水平。他先是到庐山，因为那儿历来是高僧聚居之地。在庐山，他广泛阅读、深入钻研各派佛学经典，再斟酌各家杂论，眼观心悟，不惮劳苦。他认为入道之要，应以慧解为本，所以特别在解悟上下工夫。从天竺来华的著名高僧伽提婆，当时正在庐山，道生于是跟他学佛教小乘一切有部的教义。竺道生在庐山隐居苦读了七年。

庐山虽是修道学佛的好地方，但见闻毕竟有限。道生听说鸠摩罗什正在长安译经，于是就与志同道合的慧叡、慧严两位法师，含辛茹苦、不远万里前往长安。道生等到达长安，从罗什受业。道生学问渊博，尤其以悟解高明受到罗什的赏识，关中僧众给他送上"神悟"的美名。

道生学有成就，罗什要他参加译经。他于是参与译成了《大品般若经》《小品般若经》等佛学著作。

竺道生说法处

后来，道生离开长安，回到建康，住在青园寺。这座佛寺是东晋恭思皇后褚氏舍财所建，因为那地方原是个青菜园，所以叫这个名字。这是座皇家寺院，不是一般僧人可以进入的。这时东晋已经亡国好几年了，刘裕建立了宋（南朝宋），他就是宋武帝。武帝、少帝过世后，刘义隆登上宝座，他就是宋文帝。道生回都后，文帝对他非常敬重，特许他在青园寺居住。

早在晋安帝隆安三年（399年），长安名僧法显等人，前往印度取经。经历了千辛万苦，前后达六年之久，法显带回了几部重要经典，然后与名僧觉贤（佛驮跋陀罗）、宝云等认真翻译。这些经典中，有一部《泥洹经》，只有六卷。该经涉及佛性问题，以及什么人才能成佛、如何成佛等重大问题，引

第四章 魏晋隋唐时期的高僧

起佛学界的普遍关注。《泥洹经》认为一切众生，都有佛性，都能成佛。在晋代，特别讲究家世门第，就是僧侣，也有等级高下之分。这之前所宣传的佛教教义，也是与这种等级制度相一致的。《泥洹经》的译出，自然要引起守旧的上等僧侣的强烈不满。然而道生认为《泥洹经》还不够圆满，他进一步主张阐提（即所谓断了善根的人）也能成佛。至于成佛的途径，他认为为善不必受报，也不必经过长期修炼，只要通过"顿悟"，就能见性，就能成佛，不需要也不可能零碎逐步地获得它。这必然引起僧侣们的更加不满。因为这等于说人人都有佛性，不分高低贵贱，人人都有成佛的平等权利。道生的理论，无疑是对门阀制度的破坏，但同时也是为了笼络广大苦难的群众，使他们在虚幻的平等面前得到满足，而又给那些罪大恶极的人以廉价的赎罪机会，因而更符合统治阶级的利益。当时建康的僧侣们驳斥道生的理论为"新论"，在佛教界引起很大争论。

道生为了阐述他的观点，连续写了《二谛论》《佛性当有论》《法身无色论》《佛无净土论》《应有缘论》等著作，不仅包含了旧说，而且提出了深刻的新论点。在《泥洹经》全本还没有传入的时候，真所谓孤明先发，然而也因此触了众怒，闯下不小的祸。他的理论不仅被认为是"新说"，而且被认定为"邪说"，遭到了许多人的讥讽、攻击和谩骂。428年，建康的僧侣们竟一致决定，将他开除出教籍，驱逐出建康。道生即使在十分窘迫的情境下，仍然严肃认真地起誓道："如果我的观点违反经义，请马上身得暴病而死；如果我说的不违背正理，那么将来死的时候，便坐上狮子座！"誓毕，道生拂衣而去。

竺道生离开建康，来到吴郡（今苏州）虎丘山佛寺。不到十天，便涌来了数百名学徒。他们大多是普通百姓，希望佛能使他们摆脱苦难，获得起码的人生幸福。要知道，这之前，他们连祈福的权利都没有啊。听说道生法师讲人人都能成佛，这给他们带来了一丝幻想，所以纷纷来向他求法。

竺道生这时已届晚年。像他这样有很高名望的僧人，建康僧侣们给他的处分，对他的打击实在太大了。他决定远离人间是非，到庐山隐居，销迹于深山岩壑之中。据说，他上庐山时，人们看到一条龙从青园寺飞出，蜿蜒升天而去，光彩夺目，将自己的影子映在寺院的西壁之上。大家无不为之叹息，

115

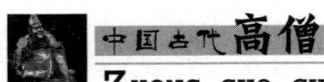

道:"龙既已去,道生法师也一定走了!"因而改寺名为龙光寺。

竺道生到达庐山,受到山中僧人们的热情欢迎。大家对他渊博的佛学知识和敢于创新的精神,无不十分钦佩。

竺道生上庐山后不到四年,情况发生了戏剧性的变化。从天竺来的僧人昙无谶,在北方所译的《大般涅槃经》传到了南方。《大般涅槃经》共四十卷,就是法显当年从印度带回的六卷本《泥洹经》的全本。这部经主要阐发涅槃学,其中明确地说一切众生都具备佛性,都能成佛,即使是断了善根的一阐提也不例外,与道生以前的主张完全相符。至此,"新论"被证实与确立。道生得到新经后,便立刻在庐山升座讲说,一时引起了轰动。

宋元嘉十一年(公元434年)冬十一月庚子,竺道生坐上庐山精舍的法座,像往常一样讲《大般涅槃经》。这天他似乎精神特别好,声音分外宏亮,议论激昂,真是穷理尽妙,听讲的僧俗大众人人大彻大悟,无不十分高兴。就在讲法快要结束的时候,忽然,只见法师手里拿的麈尾一下子掉到地上。法师端坐在座位上,面容慈祥而平静,颜色一点儿都没有改变,好像睡着了似的。法师已离开了人世。

在场的僧俗大众见法师化去,个个惊骇;无论远近,人们凡听到这个不幸的消息,都悲痛得哭出了声。大家将法师葬在庐山。

当《大般涅槃经》刚传到建康时,先前反对竺道生的僧侣们,见佛经果然与道生说的一模一样,都非常震惊,接着是后悔、惭愧和内疚,纷纷改变原来的观点,而信服竺道生的学说。

求法先驱:法显

传说法显本来有三个哥哥都在小时候先后死去了,父母只剩下他这么一个宝贝儿子,因此格外宠爱,生怕法显再有什么意外,便在他3岁的时候,将其度为沙弥,求菩萨保佑。后又让他回到家里住了几年,不料又得了重病,眼看又要死去,父母赶快将他送回佛寺。不料才在寺里住了两夜,病就奇迹般地好了,从此再也不肯回家。法显在寺中学习刻苦,干活勤劳。在20岁受过具足大戒——比丘戒以后,就住到长安大石寺里面,通过一件事情,全寺的人们很快就知道他的学识和胆识，远远超过一般同学。

法显性情纯厚。有一次，他与同伴数十人在田中割稻，遇到一些穷人来抢夺他们的粮食。诸沙弥吓得争相逃奔，只有法显一个人站着未动。他对那些抢粮食的人说："你们如果需要粮食，就随意拿吧！只是你们现在这样贫穷，正因为过去不布施所致。如果抢夺他人粮食，恐怕来世会更穷。贫道真为你们担忧啊！"说完，他从容还寺，而那些抢粮的人竟被他说服，弃粮而去。这件事使寺中僧众数百人莫不叹服。

据史料记载：法显于东晋隆安三年（399年）从长安（今西安市）出发，经河西走廊、敦煌以西的沙漠到焉夷（今新疆焉耆附近），向西南穿过今塔克拉玛干大沙漠抵于阗（今新疆和田），南越葱岭，取道今印度河流域，经今巴基斯坦入阿富汗境，再返巴基斯坦境内，后东入恒河流域，达天竺（今印度）境，又横穿尼泊尔南部，至东天竺，在摩竭提国（即摩揭陀）首都巴达弗邑（今巴特那）留住3年，学梵书佛律。

法显一行走到流沙时（今西北大沙漠），眼里的大漠茫茫苍苍，一片空旷，再看看四周，天无飞鸟，地无走兽，天地漫漫，连自己也不知道身在哪里。只能看日月来判别方向，靠地上人的枯骨来寻找道路。途中的热风就像恶魔，撞上便被卷去，法显一行只好听天由命了，倒是命不该绝，他们居然闯了过来。行至葱岭（今昆仑山、天山一带），更加难走。这岭上终年积雪，有恶龙喷吐毒气，风雨不断，沙砾满天，举目望去，峭壁高耸入云。当年曾有探险者凿开的石道，建成一级级台阶，法显他们走过七百多级台阶，遇到大河时，便靠悬索拽过。像这样的地方有几十处之多，就连汉代张骞、甘英通西域时都不曾涉足。当爬上一座小雪山时，忽然寒风暴起扑来。慧景颤栗不已，对法显说："我活不成了，你继续往前走，不要管我，否则就会都葬送在这里。"说完便合上眼睛。法显双手颤抖着抚摸着慧景尸身哭泣不已："本来早有此准备，这是天命，有什么办法呢？"又有几个人倒下或却步了，只剩下他和道整了。他们在伤痛中，缓缓地站起身来，朝迷茫之中继续走去。终于出了山地，又走过三十余个国家，经过六年，才到天竺。法显疲乏的脸上第一次露出了笑容。

传说法显自从进到北天竺、中天竺以后，便天天在外面参礼佛陀圣迹。

同时，也有另一个目的，便是觅求佛的经典和戒律。他和道整住在中天竺的巴迦弗邑摩诃衍僧寺，也就为着这个目的，在四处寻求着。

有一天，法显刚从外面走回来，道整便问他说："有办法达到目的吗？"

"很困难！"法显无精打采地回答说。

"为什么很困难呢？"道整追问了一句。

"这原因真是相当的奇怪！"法显用了惊异的语调，回答了道整之后，他又说，"这里的佛教徒，都是把所有佛经和戒律，一股脑儿都记在脑子里。"

"能记得那么多吗？"

"不仅是记得，"法显确实是佩服他们，"而且还是口口相授，代代相传的，根本就没有书本！"

"这么一来，也就没有经本可抄了？"道整无可奈何地说。

"可不是吗？"法显答了这一句，便露出有办法的神情，说："现在，只好在这里学习写梵文文章，而且要先学写梵文文字了。只是能够讲几句梵语，是不够的。"

"那又谈何容易！"道整感叹道。

结果，法显真的开始学习梵文了。

他首先是学习梵语文的写法，再求了解梵文的结构，然后又学习梵文的作法。如此经过三年，他居然可以写，也可以作了。因此，他就在这里得到了所要求的经典。即：《萨婆多部律》七千偈；《杂阿毗昙》六千偈；《方等般若泥洹经》五千偈；《摩诃僧祇阿毗昙》；《綖经》二千五百偈。这些经律，法显都把它用梵文抄了下来，放在他的书桌上。

有一天，被道整看到了。原来道整早就知道他在抄写经律，却不知道他一抄就抄了这么多。在去留的问题上，法显与道整的立场完全不同，当法显把所求得的佛经和戒律全部都抄完了以后，他便顺着恒河，出了海口，坐上航海商人的货船，开始了回国的旅途。

法显从狮子国航海回国坐的那条海船，是当时相当大的海船，船上载了许多货物，同时，还坐了两百多个客商，一同出海。大船的后面，拖了一只小船，那是准备着有其他事故发生的时候，好派上用场的。

他们航行了三天，海上都是风平浪静，澄明如镜。法显是很少经历过海

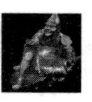

上生活的，他倚着船窗，正在眺望海景，欣赏着大海的壮阔。

忽然听得有人喊着："大风暴就快要来了，各位客商们，大家准备！"这呼喊的声音，是相当凄厉的，可又如何准备呢？

法显心里想着：这是徒乱人意的呼喊。

果然不到一两个时辰，暴风真的来了，窗外的风声，呼呼地吹着，海浪掀动着船底，船左右倾侧摇摆着，浪花从船的窗隙里一丝丝地射了进来，把大家的被子衣物都弄潮湿了。船靠岸了，法显看到"青山无恙，藜藿依然"，他就知道是回到自己的祖国了。

法显一个纵步，就跳到岸上去了。他沿着山坡走到山上，四面眺望了一番，发现两个在山上打猎的人。法显走到他们面前，问他们这是什么地方。"这里是青州长广郡（今山东莱阳县东），统属晋朝天子所管的土地，海船所停靠的地方，就是崂山（青岛）的南岸。"

法显派了一个人，报告长广郡的太守，说他从西域带来了许多佛经、佛像回国，船靠在崂山的海边。

长广郡的太守名叫李嶷，也是一个佛教徒，他一听到这个消息，就亲自带着许多信男善女赶到海边，将佛经、佛像和法显本人，迎接到了郡城。

禅宗始祖：达摩

传说天竺国香至王的第三个儿子名叫达摩，他在小时候，拜释迦牟尼的大弟子摩诃迦叶之后的第二十七代佛祖般若多罗为师。有一天，达摩向他的师傅求教说："我有了佛缘以后，应到何地传化？"般若多罗说："你应该去震旦（即中国）。"又说，"你到震旦以后，最好是住在北方，因为南方的君主喜好功业，不能领悟佛理。"

达摩遵照师父的嘱咐，准备好行李，驾起一叶扁舟，乘风破浪，飘洋过海，历经千辛万苦，用了三年时间来到了中国。达摩到中国以后，广州刺史得知此事，急忙禀报金陵。梁武帝萧衍立即派使臣把达摩接到南京，举行隆重的大礼接待他，以宾客相待。武帝是一个佛教信徒，主张自我解脱。达摩是禅宗大乘派，主张面壁静坐，普度众生。由于他们的主张不同，每谈论起佛事，总是话不投机。萧衍问："我造了好多寺院普度众生，还不遗余力写了大量佛经造了许多佛像。凡此种种，有何功德？"达摩答："并无功德。"萧衍追问："为什么没有功德？"达摩说："你只不过做了一些普通的好事，离佛的要求还远，由此看来也算不上什么大功大德。"萧衍闻言，心中不悦。

达摩感到南京不是久留之地，便告辞渡江北上。当时有个名叫神光的高僧，正在南京雨花台讲经说法，当时里三层，外三层，都是围观听讲的人，真是水泄不通。达摩离开梁武帝，路过雨花台，见到神光在那里讲经说法，就挤在人群中侧耳倾听。达摩听讲，有时点头，有时摇头。神光发现达摩摇头，认为这是对自己的最大不敬，便问达摩："你为什么摇头？"达摩见彼此对佛学有不同的见解，便主动让步，离开雨花台北上而去。

达摩走了以后，有人告诉神光说这就是印度高僧菩提达摩，他刚来中国不久，精通佛法，学识渊博。神光听了以后，惭愧之极，感到自己刚才太没礼貌了。于是就赶快追赶达摩，想赔礼道歉。达摩在前边走，神光在后面紧追，一直追到长江岸边。达摩停立江岸，放眼江面茫茫一片，既没有桥，也没有船，甚至连个人影也不见。这怎么过江呢？达摩急于过江，因此焦虑万分。正在这无可奈何之际，达摩突然发现岸边不远的地方坐着一个老太太，身边放了一捆草，看样子好像也是在等船过江。达摩只好向老人求助，他迈步走上前去，恭恭敬敬地施了一礼，说道："老菩萨，我要过江，怎奈无船，请您老人家化棵芦苇给我，我好用它过江。"老人抬起头来，仔细地端详达摩。见眼前的和尚两只突鼓的眼睛炯炯有神，满脸络腮胡子，卷曲盘旋，身材魁梧，举止坦然，形象端庄，好一副非凡仪表。老人暗自点头称许，便顺手抽出一根芦苇递给达摩。达摩双手接过芦苇，向老人告谢而去。及至江边，

达摩祖师坐像

第四章 魏晋隋唐时期的高僧

他把芦苇放在江面上，只见一匝苇花昂首高扬，五片芦苇叶平展伸开。达摩双脚踏于芦苇之上，飘然渡过了长江。

神光气喘吁吁地追到江边，看见达摩一苇渡江，就气急败坏地跑到老人面前，什么招呼也不打，抱起老人身边的一捆芦苇，扔到水中，双脚踏上去，也想过江。谁知这捆芦苇根本不听使唤，反而很快沉入水中。神光见势不妙，急忙涉水走向江中，险些溺入水中。神光带着浑身泥水，冲老人责问："你给他一根芦苇就渡过江，我拿你一捆芦苇为什么还过不去？"老人不慌不忙地答道："他是化我的芦苇，我应当助他；你是抢我的芦苇，物各有缘。我和你毫无缘分，怎么能助你呢？"说罢，老人转瞬间悠然不见，浩荡的江面上空无一人。神光自知有失，惭愧不已，懊悔而归。

达摩过江以后，手持禅杖，信步而行，于北魏孝昌三年（公元527年）到达了嵩山少林寺。这里群山环抱，丛林茂密，山色秀丽，环境清幽，达摩见眼前佛业兴旺，谈吐吻洽，心想，这真是一片难得的佛门净土。于是，他就把少林寺作为他落迹传教的道场，广集僧徒，首传禅宗。自此以后，达摩便成为中国佛教禅宗的初祖，少林寺被称为中国佛教禅宗祖庭，从而蜚声中外。

传说达摩渡江到少林寺后，在南京讲经说法的神光，在追达摩时受长江的阻隔，没及时追上达摩，后来历尽千辛万苦终于到达少林。神光到少林寺以后，一心一意拜达摩为师。达摩在南京雨花台和神光会见时，神光一脸傲气，一点都不谦虚。当他现在诚心向达摩求教时，达摩弄不清他是否真心，便婉言拒绝。神光并未灰心丧气，仍步步紧跟达摩。达摩在洞里面壁坐禅，神光合十，侍立其后，精心照料，形影不离。神光跟随达摩九年之久，对达摩的所作所为佩服得五体投地，达摩离开面壁洞，走下五乳峰，回到少林寺，料理日常的佛事活动，神光跟随达摩从山洞回到寺院。

时值寒冬，达摩在后院达摩亭坐禅，神光依旧矗立在亭外，合十以待。谁知天有不测风云，有天夜晚，达摩入定以后，天空降下了鹅毛大雪，没多久，地上积雪竟已逾尺了。这时，神光双膝埋在深雪里，身上落下的积雪已成了厚厚的毛茸雪毡。但是神光仍然双手合十，虔诚地站在雪窝里一动不动。

第二天一早，达摩开定了，他走到门口看见神光仍在雪地里站着。达摩问道："你站在雪地里干什么？"神光答道："向佛祖求法。"达摩沉思片刻说："要我给你传法，除非天降红雪。"一句话让神光省悟了，他意识到这是圣僧指点他禅悟的诀奥，便毫不犹豫地抽出随身携带的戒刀，向左臂砍去，只听"咔嚓"一声，一只胳膊落在地上，鲜血飞溅，染红了地下的积雪和神光的衣衫。这虔诚的刀声一直传到西天，连如来佛祖也被惊动了，他脱下袈裟，顺手一抛，袈裟飘飘荡荡飞向东去。倾刻间，整个少林寺都笼罩在红光里，天上彩霞四射，被鲜血染过的鹅毛雪片红得耀眼、纷纷扬扬而降。神光放下手里的戒刀，弯腰拿起鲜血淋漓的左臂，围绕达摩亭转了一圈，仍侍立于红雪之中，亭周围的积雪也被染成红的。此情此景，达摩看得一清二楚。他见神光为了向他求教，长期侍立身后，今又立雪断臂，信仰至诚，大为感动。达摩遂传衣钵、法器于神光，并取法名"慧可"。

慧可砍断臂膊后，精神异常刚毅顽强，他不顾身上剧烈的伤痛，双膝跪在深深的雪地里，用那只颤抖的右手，毕恭毕敬地接过了衣钵，再三礼拜而退。从此，慧可就接替了达摩，成为少林寺禅宗的第二代，称为"二祖"。

据说为了纪念二祖立雪断臂，寺僧们将"达摩亭"改为"立雪亭"。清乾隆皇帝游中岳时，对"立雪断臂"的故事颇有感触，还挥毫撰写"雪印心珠"匾一块，悬挂于立雪亭佛龛上方。

禅宗二祖：慧可

慧可从小就智力超群，聪明异常，爱好读书，儒道之书无不通读。他爱好玄妙之理，对老庄学说尤为精通。三十岁时始读佛经，为其中超脱自然之理所吸引，乃叹曰："《老》《庄》《易经》等世俗之书没有穷究最极致之理呀！"于是精研佛书。为求名师指点，远游至洛阳龙门一带，后从宝静禅师出家，受戒于永穆寺。

他在永穆寺读大小乘经典，讲阐佛家之学。两年后，即他三十二岁时又回到宝静禅师处学习，如此打坐习禅，又达八年时间，此时佛学功底愈深。为了弘扬佛法，他在宝静禅师推荐下，来到金陵，于雨花台登坛讲佛。当错失与达摩的结识之缘，追到江边，目睹达摩一苇过江，而自己无奈而返后，遗憾百倍，郁闷不欢。不久又辞别金陵，来到永穆寺。

第四章 魏晋隋唐时期的高僧

一天,他正在寂静处打坐,恍惚见到一个神人出现在他面前,对他说:"你如想修成正果,何必死守在这个地方?求佛贵在真诚与毅力。你应该向南去,会有大师指点你。"通过这种感应,慧可认为有神在帮助自己,于是就在原来名字光之前,加了个"神"字,叫神光。

第二天,他觉得头如锥刺般疼痛,宝静禅师见此情景,打算给他治疗。这时空中有声音传来说:"此是脱胎换骨所必须之疼,不必治疗。"宝静禅师十分惊异,于是慧可就给他说了昨晚发生之事。宝静禅师这才明白。再看慧可头颅的形状,如五个山峰并起。于是对慧可说:"我看你的颅骨之相十分吉祥,是能求证得果之相。神既然让你往南去,我想他是让你去少林寺达摩禅师处求学,你趁早打点上路吧!"慧可依照师傅之意,于是带了盘缠,就上路到少林寺去了。

大约在527年,慧可40岁时,到达了少林寺,他见到了菩提达摩禅师。慧可初见达摩师时,讲明来意,可达摩拒不收徒,慧可苦苦哀求,达摩对他说:求法的人,不以身为身,不以命为命。于是慧可就自断其臂,立于雪中

传说慧可舍利即存于此处

数夜，达摩为之感动，于是收之为徒。有关禅学的史籍，大都采纳了这种说法，于是"雪中断臂求法"的故事成为禅宗公认的事实。

还有一种说法，慧可在游方乞食时，"遭贼斫臂，以法御心，不觉痛苦"，用火烧断臂之处止血，然后用布包扎好后便乞食如故，好像什么事也没有发生过一样。后来不久慧可的同学昙林法师也遭贼砍去一臂，痛得昙林法师喊叫了一个晚上。慧可于是便给他治疗伤口，并外出乞讨来供养昙林法师。但昙林法师常因慧可断臂之后手脚不便而责怪慧可。一天慧可十分生气就对昙林法师说："饭就在你面前，为什么不自己吃？"昙林法师便说："你不知道我没有胳膊吗？"慧可说："我也没有胳膊，为什么我就能行呢？"这时昙林法师才幡然醒悟，知道自己苛责于人，内心悔恨不已。从这个传说来看，断臂求法之事很有可能是虚构之作。

慧可跟随达摩学习6年（一说9年），精通达摩所传之学。达摩去世后，慧可便隐姓埋名于黄河之滨，潜心修行。但因他的声望遍及四方，所以僧人居士都来跟随慧可学习。于是慧可就为道俗之人讲解经典，开启众人。

后来在天平初年（公元534年），北上到东魏的新邺（今河南安阳市北），开讲达摩禅法，因其主旨为"忘言忘念，无得正观"，所以受到了当时那些执著于文字言相之徒的横加责难。当时有一个叫道恒的禅师，传禅定之学，让人系心于一处，在邺都一带影响很大，是那一带佛教界的领袖，徒弟及信徒达数千人。而当时慧可讲法，让人"无有寄托，无有所滞"，被道恒禅师视为"魔语"。于是道恒禅师派了自己手下一些比较得意的徒弟去慧可门下听讲，准备伺机发难，但他们一听慧可说法，便心悦诚服，成为慧可的信徒了。一天，慧可和道恒在路上相遇，道恒就对慧可说："我花了许多功夫，派了许多弟子去让你开悟，可你究竟用了什么魔法，使我的弟子都变成你的党徒了？"慧可说："我心自悟，何用你开悟。因为你心迷，所以，才有了这样的结果。"道恒听后悖然大怒，怀恨在心。终于他私下贿赂当地官员，以莫须有的罪名将慧可抓起来，并严刑拷打。这之后慧可无奈隐姓埋名，游方民间。

第四章 魏晋隋唐时期的高僧

知识链接

少林寺

名震天下的少林寺位于河南登封市嵩山的腹地，是为禅宗祖庭，也是少林武术的发源地。少林寺因其所在的少室山五乳峰下丛林茂密，故名"少林寺"。

少林寺的武术也与禅宗并称于世，甚至到近代，少林寺武术之盛使人淡忘了少林寺的绝学禅宗。少林武术在隋唐时期已具盛名，到宋代，少林武术已自成体系，风格独绝，史称"少林派"，成为中国武术传统的集大成者。

少林寺的建筑群大约分为四个部分：一是寺院主体建筑常住院，是寺僧礼佛育经的主要场所；二是寺西不远的塔林，是历代高僧的墓地；三是初祖庵，是达摩面壁的纪念地；四是钵盂峰顶的二祖庵，传为二祖慧可修性养伤之所。

第二节 隋唐高僧

智者大师：智顗

智顗出生之际，佛教已在南北各地广为流行，其母亲徐氏就是一位勤于斋戒的俗家佛教信徒。童年的智𫖮，常随母亲礼佛去寺庙玩耍，模仿僧人，合掌念经，礼拜佛像，很受寺院僧众喜爱。一次，僧众试着对当时年仅7岁的智𫖮口授《普门品》佛教经文，只授一遍，智𫖮即熟记于心，流畅复诵。其天资聪慧，令寺院僧众惊叹不已。

然而，智𫖮从小表现出来的对佛教的特殊兴趣，并没有得到父母的理解与支持。有时智𫖮习佛经，二亲往往予以阻止。公元554年，西魏大举发兵攻梁，梁元帝战败投降，旋被西魏所杀。魏军大掠梁境，屠老弱。智𫖮离开荆州，去湘州（今湖南长沙市）投奔父亲的故旧湘州刺史王琳。在王的资助下，智𫖮于梁绍泰元年（公元555年）在湘州果愿寺正式剃度出家，这一年，他18岁。

智𫖮出家之后，潜心佛法，先从法绪禅师学《十戒道品律仪》，又从慧旷法师学佛律，再赴衡州拜师学《法华经》《无量义》《普贤观》等佛典。公元

智𫖮讲法处

560 年，著名佛学高僧慧思从北方南下，栖居于光州（今河南光山县）大苏山。智𫖮久闻慧思风德，得此消息，不顾光州当时乃南北边境交兵要冲，立即涉险前往，问学求教，拜慧思为师。

智𫖮在慧思门下发奋研习，用功勤苦。当时物资匮乏，他"切柏代香，柏尽则继之以栗；卷帘进月，月没则燎之以松"。功夫不负有心人，在慧思法师的悉心指导下，智𫖮谙熟诸经，学业精进，由此博得慧思法师的高度器重。慧思曾当着其他门徒称智𫖮为"义儿"，并常让智𫖮代为讲论，自己亲临讲堂听讲。一次，慧思听了智𫖮的滔滔讲论之后，甚为感慨地称赞智𫖮说："非尔莫证，非我莫识……纵令文字之师千群万众，寻汝之辨，不可穷矣。尔于说法人中最为第一。"

陈光大元年（公元 567 年），慧思决定去南岳衡山隐居，临行之际，他托付智𫖮说："我向往南岳已久，只恨佛法无人继承，如今你已登堂入室，自当传灯化物，将我门佛法发扬光大，莫作最后断种之人。"此时的智𫖮，年龄虽然仅及三十，但出家却已十载有余，英年锐进，学有功底。他带着恩师的嘱托，抱着广布佛法的宏愿，与同门弟子法喜等 27 人起程前往陈朝京师金陵。开始了他自立门户，创基立业的佛事生涯。

金陵自三国东吴起，历为南方政权国都，经各朝代的治理开发，这里经济繁荣，人物殷阜，学术文化发达。同时，由于历朝统治者对佛教的大力扶植，金陵自东晋以来即成为南方佛教活动的中心，名僧荟萃，寺庙林立，佛学气氛极为浓厚。智𫖮一行到达金陵后，栖居于金陵著名寺庙瓦官寺。很快，智𫖮开坛讲经，先后讲论《大智度论》《次第禅门》等经典。金陵佛界一批硕学名僧如白马寺警韶、定林寺法岁、禅众寺智令、奉城寺法安以及萧梁时代就名闻金陵的宿德高僧大忍法师等，听了智𫖮的讲论之后，皆心悦诚服，咸致敬意。

陈宣帝太建七年（公元 575 年），智𫖮谢绝了陈朝君臣的一再挽留，带领门徒慧辨等二十余人，离开金陵赴浙江天台山。临行之际，宣帝率文武百官到江边送行，并派舟楫随从供智𫖮一行沿途使用。同年九月，智𫖮等人进入天台山，于山北华顶峰栽植松果，引入泉水，结草搭棚，因陋就简草创山寺。入山之初，给养艰难，食物不足，物质条件远不能与昔日瓦官寺的情形相比，但智顗师徒安于清贫，苦行修炼，讲论习禅，乐在其中。

太建九年（公元577年），陈宣帝下诏，在天台山修建禅院，作为智顗的居所。同时，又下令将始丰县（即天台县）赋税割给天台山寺院，充作智顗僧众的佛事费用，并另外拨出两户农民供寺庙驱使，专门负责寺庙砍柴担水一类杂役。这样，智顗师徒在物质生活上获得了充分的保障。

光阴荏苒，智顗在天台山一住就是十年。十年中，他穷究禅理，讲说经论，传教弟子，撰写著述，佛学思想日益博大精深。其间，不少佛门同道大德仰慕智顗高名，前来问津请益，相互切磋交流；也有不少佛门后学带着种种疑难，前来拜师求学。智顗对他们循循善诱，悉心指教。凡来天台山与智顗交流切磋或问津求教的佛门同道，经智顗点化迷津，释难解疑以后，总是茅塞顿开，满载而回。十年的隐遁修炼，十年的研习思考，昔日弘法金陵的佛坛英才，转变成为令南北佛界僧众高山仰止的一代佛教大师。智顗第二次入金陵，受请入居并主持金陵光宅寺，他以佛法服务于陈朝，同陈朝君臣深相结纳，来往频繁。皇帝多次临驾光宅寺，对智顗"俯仰殷勤，以彰敬重"。最高统治者既然如此醉心敬佛，陈朝文武百官、王公贵族，乃至于后宫妃嫔，自然亦步亦趋，纷纷效尤。

传说正当陈朝君臣大肆兴佛，祈求佛法神灵保佑之际，北方隋朝决定用兵南下，以武力统一中国。开皇九年（公元589年），隋朝大军南下，势如破竹。一举攻克金陵，尽俘陈后主及陈朝公卿百官。佛教并没有给陈朝带来命运的转机，南陈政权灭亡。

金陵换代易主之际，智顗带领门徒出走荆湘，云游于江西、湖南一带。他力图借此机会摆脱世俗，远离政治，全心致力于弘法传教。但智顗此时的处境却显得比较尴尬，作为效力陈朝的护法国师，他的行踪有人注意，说经有人干预。

一次，他在荆州故乡集众讲经，竟遭地方官吏干涉而不得不中止讲论，草率结束这场集众说法活动。这在智顗以前的佛事生涯中是从未发生过的，对他的刺激很大，以至于临终之际还念念不忘此事，并把它作为生平六大遗恨中的第五恨写入遗书。

但智顗毕竟是一代佛学大师，于当时社会影响极大，在各阶层人士中享

第四章 魏晋隋唐时期的高僧

有崇高声望。让这位昔日为陈朝布道护法的高僧转向支持隋朝，以其杰出的佛事活动效力于新政权，这对刚刚完成统一中国大业的隋统治者巩固其统治来说，无疑具有不可估量的社会影响和政治作用。基于这一考虑，隋文帝杨坚在灭陈后不久，专门为智𫖮发出一道敕书，这道敕书反映出隋统治者对智𫖮的态度是既猜疑防范，又劝导笼络。

朝代更替，时世变迁，智𫖮凭多年来弘法传教的经验，深知佛法的弘扬必须依赖于现世政权，如果得不到当世统治者的合作与支持，要使佛法兴盛，弘扬四方，根本不可能。智𫖮深明大义，以佛门利益为重，在隋朝统治者的劝诫勉励之下，改变态度，转而成为隋王朝的支持拥护者，并积极寻找机会，谋求与隋朝统治者进行合作。

机会很快就来了。开皇十一年（公元591年）十月，隋文帝杨坚次子晋王杨广（即后来的隋炀帝）在任扬州总管时，对智𫖮"承风佩德，钦注相仍，欲遵一戒法奉以为师，仍致书累请"。杨广亲笔修书，派使奉送智𫖮，请他赴扬州传法并主持有关佛教事宜。接到杨广的邀请，智𫖮当即表示"我与晋王，深有缘契"，在提出的"四愿"条件获杨广认可后，他随即"束衣顺流，不日而至"扬州。这一年，智𫖮54岁。

到达扬州后，智𫖮受到杨广的隆重接待。同年十一月，在杨广的一再请求之下，智𫖮在扬州总管府大厅金城殿内主持千僧法会，为杨广授菩萨戒（一种最高的佛门戒律，往往只授予王公大臣）。在授戒仪式上，智𫖮对杨广说："（大王）名实相符，义非轻约，可法名为总持也。"（《续高僧传》卷17）杨广当即回报智𫖮说："大师传佛法灯，宜称智者。"（《佛祖统纪》卷6）这样，智𫖮以佛门领袖之身份，用奉送杨广"总持菩萨"的佛

智𫖮在天台山生活多年

法名号为条件，换取了这位世俗权威授予的"智者大师"的封号。宗教与政治在这里配合默契、相互利用，昔日陈朝的护法国师，在新的历史条件下与隋朝统治者携手合作，尽释前嫌。借助杨广这一世俗靠山，智𫖮进入新的隋朝政治舞台。从此，他正式以"智者大师"的尊号行于世。智𫖮在扬州停留不到半年，于第二年三月离去。后来，一位文官请智𫖮出山赴金陵（当时杨广已移驻金陵）。智𫖮此时身体不适，极不愿离开天台山再作长足远行，但他深知，不能违命开罪这位权威日炽的隋朝显贵，天台山的佛教事业，还必须仰仗这位世俗权贵的支持。于是，智𫖮奉命应事，抱病出山。

智𫖮一行，从华顶山（天台山主峰）西南峰下天台，出山不远行至石城（今天台县赤城山），智𫖮病情加重，他预感自己将不久于人世，便对弟子们说："大王（指杨广）欲使吾来，吾不负言而来，吾知命在此，故不须前进也。"弥留之际，他把平时所用衣钵器物分送门徒，并吩咐弟子把杨广馈赠给他的莲花香炉、犀角如意等物原物奉还。接着，他给杨广口授遗书一份，表示"命尽之后，若有神力，誓当影护王之土境，使愿法流行，以答王恩，以副本志"。

后事交代完备，他让弟子们诵唱《法华经》和《无量寿经》，自己则不饮不食，两手合掌，身体向西，端坐而定，于开皇十七年（公元597年）十一月二十四日圆寂，时年60岁。

三藏法师：玄奘

《西游记》是一部家喻户晓的神话小说，小说中的唐僧，也是一个家喻户晓的艺术形象。唐僧这个形象，取材于中国历史上著名的奇僧、伟大的文化名人——玄奘的事迹。

玄奘俗姓陈，原名陈祎，洛州缑氏（今河南省偃师县缑氏镇）人。隋开皇二十年（公元600年）出生在一个世宦之家。他祖上几代都曾在朝廷做官，祖父陈康，做过北齐的国子博士；父亲陈惠，曾任隋朝江陵县令。陈惠于隋炀帝大业年间，辞官还乡，从此潜心儒学。玄奘出生在这样的家庭环境中，从小就受到了良好的文化熏陶。

第四章　魏晋隋唐时期的高僧

玄奘从小聪悟异常，各种学问学过之后，都能很快深入其旨，全面把握，而对于一些佛典，他更表现出很大兴趣。才11岁，他就已把《维摩经》《法华经》等读得娴熟，可以朗朗成诵。更难得的是他少年早慧，很早就已经懂得自律律人的道理。玄奘天赋既高，又刻苦认真，再加上为人老成持重，因此，众人在听了法师讲经之后，若觉得还需作进一步探讨时，就常常请玄奘升座复述。玄奘虽然年幼，但解析经理无有不通，净土寺僧众重其学功，美其风仪，对他十分钦佩。

至隋朝炀帝大业末年，国内到处

玄奘就是小说中的唐僧原型

兵荒马乱，人民流离失所，一片饥馑混乱。武德五年（公元622年），玄奘22岁，在成都受具足戒，正式获得僧人资格。之后，他又在蜀地遍访名师。再过数年，在贞观元年（公元627年），他回到长安。

这些年间，玄奘在巴蜀一带，跟从一些名师广泛参学，精研过《阿毗昙论》《摄大乘论》《迦旃延论》等佛教名典，每有所学，莫不凿岩穷穴，对各家各宗学派观点，本干条理，疏朗分明，皆蕴结胸腑。并且，他还都能融会自然，独立思考，得意忘言。对他的超常记忆和非凡悟性，人们都交互称赞，以至于蜀人以"少年神人"之名称他，致使他名声很大。但是越是深入全面地把握汉地佛教当时的各种思想学说，玄奘却越是感到不满足，感到有问题。

到长安后，他又拜在京城一些名僧如道岳、法常、僧辩、僧会等人门下，从学《俱舍论》《涅槃经》等重要典籍学说，朝夕咨请，孜孜为道，造诣日深，学术人品誉满京华。不久，京城学界都传，说他已穷尽国内各家学说，称他为"释门千里驹"。而玄奘在多年参学生涯中，日益觉得，中土诸师对有关义理，往往说法不一，因而引起派别纷争。释教内部的派别纷争，十分有碍佛法弘行。而验之于佛典经论，则更感到各类经典，常是译文粗疏，名相各异，使人莫知所从。比如南北朝以来流行的一些重要学派，一是以《十地经论》为依据的"地论学派"，一是以《摄大乘论》为根本的"摄论学派"，两派对于"佛性"到底是什么这样重要的问题，说法就大相径庭，令人十分困惑。

玄奘所学，主要是瑜伽行派理论。他常常听说，印度那烂陀寺有此派根本经典《瑜伽师地论》，很想求得此论，既以之释此土众疑，又以之统一各家异说。他又听说那烂陀寺等处讲经弘法，盛况空前，因此更是心向往之。故立誓西游，以取真经。

时机终于来了。贞观元年（公元627年），玄奘28岁。这年秋八月，关东、河南、陇古沿边诸州，霜害来袭，秋稼毁损严重，闹起了饥荒。朝廷特准京中道俗人等可各自出外谋食。敕令不久，早已准备就绪的玄奘立即随大批灾民出城。然后，他就形单影只、孤独地踏上了艰苦卓绝的西行之路。唐初，西域高昌国国王麴文泰对源远流长的中原文化心向往之。加上他对于佛教尤为崇信，因此，一段时间里，当他听到来往商旅传说，有名的大唐法师玄奘出长安西行，精诚动天，万里求法，就甚觉敬慕，渴欲一见。见到玄奘后，麴文泰敬佩道："流沙艰险，师父能孤身来此，真是奇迹啊！"并请玄奘留在高昌，不要再去印度，说："我从前幼时，曾随父亲去中国，游历过东西二京（指洛阳和长安）以及燕（河北）、代、汾、晋（均在今山西）等地，见过许多高僧，从无人能引起我的仰慕，今日一见法师，就敬爱异常，恨不得终身供养。请师父接受我的诚意，别再西游，让我一国人民同受师父教化！"

玄奘含笑拒绝，麴文泰动用强力，说玄奘若不答应留下，就用兵把他送回长安去。玄奘说："我的骸骨或可用强力留下，但我的精神和意志是留不住的。"麴文泰又改而热情挽留，每餐进食，都亲献怀盘。但玄奘干脆绝食，一连三日，滴水不入，气息渐弱。麴文泰知他终不可留，于是向他谢罪，并要求和玄奘结为异姓兄弟。高昌王母亦来，与玄奘手传香信，结为母子。高昌王亲送玄奘出城上路，并馈赠黄金百两、银钱三百、绫帛五百匹，以充玄奘一路往返之用。实际上,这些钱财已足够 20 年用度了。此外麴文泰又为玄奘准备了许多衣物和 30 匹马、25 个人,供他一路差用。又写了 24 封信,给玄奘沿途将要经过的 24 个国王,请他们给予玄奘照顾,并各附大绫一匹,作为礼物。还派大臣陪同玄奘西行,去见西突厥叶护可汗,另外还以绫绢 500 匹,果味工车,献给叶护可汗。

麴文泰依依不舍,要求玄奘他日东还,定要再到高昌停留。玄奘一一答应。麴文泰以当地最隆重礼节,手执玄奘之足,与之垂泪道别。

玄奘到印度后,经过滥波国、揭罗喝国(均在今阿富汗东北境),到达东监印度河的健陀罗国,对融合了印度和希腊艺术风格的著名的"健陀罗艺术"赞叹不已。广泛参研健陀罗佛教胜迹后,他又渡过印度河,经过坦叉始罗国(今巴基斯坦旁遮普省拉瓦尔品第城,等几个小国,来到小乘佛教发源地之一的迦湿弥罗国(即厨宾国)。以后,他又在北印度跋涉数千里,经历十余国,拜访名师,考察佛史,研究学问。其间,他曾在许多山区、沼泽和沙漠中经受各种艰险困难,有时还遇上强盗,几乎被杀。他那种谦恭和蔼的态度和奋发勇敢的精神,博得印度各地人的敬爱。

此后,他进入中印度。富饶的中印度,是当时佛教和学术的中心。玄奘在中印度前后游历 30 余个国家,停留的时间也最长。

贞观五年(公元 631 年)十月初,32 岁的玄奘到达摩揭陀国(今印度比哈尔邦的巴特那和伽耶地区)著名的那烂陀寺(又名施无厌寺)。

那烂陀寺是当时全印度最大的寺院,也是全印度最高学府。那烂陀之名,据玄奘解释,是因此寺之南森林之中,有一大池,莲花盛开(有人认为,"那烂"即"那拉",系莲花别称,莲花在印度文化中为智慧的象征),池中有龙,名阿烂陀,建寺时因此命名。

此寺当时已创建 700 余年,体制齐备,壮丽雄伟,实际上是当时印度文化的中心。寺中藏有极多各家各门经典,又聚集着极多著名学者。寺院住持是戒贤法师,已有 100 多岁高龄,学问、道德为全国景仰,被大众尊称为"正法藏"。

戒贤对这位来自大唐、万里跋涉、精诚动天,又才赋出众的弟子也是十分看重,寄予无限希望,多方予以鼓励,并以上宾之礼相待,每日供给他担步罗果120枚、槟榔20颗、豆蔻20颗、龙脑香一两，以及大人米一升。"大人米"是当地特产，米粒特大，做饭鲜香，平时只供国王和最有成就的学者。此外，还专门拨给玄奘侍者和婆罗门各1人，帮助料理生活。玄奘若出外，还可以乘"象轿"（用大象驮的轿子）。待遇之高，几乎只在戒贤一人之下。在优裕的学习和生活环境中，玄奘毫不懈怠，抓紧时间，紧张汲取各种思想文化营养。

唐贞观十五年（公元641年）春初，著名的曲女城大会开始。五印度十八国国王、精通大小乘思想理论的僧人3000多人、婆罗门教和其他各教各道教徒2000多人、那烂陀寺僧侣1000多人，以及印度各国各界有身份地位之人，共赴盛会。盛会千载难逢，远近观礼之人，更是如山如海，象、舆、幢、幡，充塞几十里。

玄奘为大会论主。根据习俗和辩论规矩，先向大众声明，如果有人能够对于他提出的观点据理制伏，能够对于他挂出的《制恶见论》改动一字，作

玄奘佛骨存放处

第四章 魏晋隋唐时期的高僧

为论主,他将砍头以谢。

18日会期已毕,对于玄奘的精辟见解,无人能破。戒日王宣布会终,心中叹赞至极,极是欢喜。散会之日,戒日王赠送玄奘金钱1万、银钱3万、上等毛毡100具,十八国国王也纷纷向玄奘赠送珍贵礼品,但玄奘一概推辞不受。会后,玄奘向师友及戒日王辞行东归。戒日王以及五印度诸国王苦留未成,只得举行盛大送行仪式,送玄奘归国。

贞观十五年(公元641年),42岁的玄奘启程回国。

贞观十九年(公元645年)正月廿四日,玄奘终于又回到阔别将近20年的故国之都。这年,他已经46岁。

当时唐太宗因为正要出征高丽,住在洛阳行宫。他命令留守长安的宰相房玄龄等朝中要员,代表他接待玄奘。

玄奘到长安之日,数十万群众争相出迎,摩肩接踵,道途阻断,以至人不能行。玄奘当日无法进城,只得暂住郊外馆驿。是夜,京中人民通宵不寐,候于道旁,等待第二日一早亲睹大师风采。

玄奘回长安后,即着手组织译经工作。在朝廷中央的支持下,征选各地有名的高僧学者前来参与译经。一些著名人物,如法藏(后成华严宗创始人)、道宣(后成南山律宗创始人)、辨机(《大唐西域记》执笔人)、怀素(著名书法家)、许敬宗(后成一代名相)等,都曾是玄奘译场中的工作人员。只用了短短三个月时间,玄奘就以干练的办事能力,在长安弘福寺将规模完整、人员精干、分工精细的译场组织完备。当年即创译《大菩萨藏经》20卷,以及《显扬圣教论颂》《六门陀罗尼经》《佛地经》等。次年,玄奘又集中力量,从五月十五日起,开始翻译瑜伽行派根本经典,传为弥勒所说的《瑜伽师地论》,后于贞观二十二年(648年)译毕,共100卷。这年,又应太宗李世民之命,由玄奘口述,辨机笔录,再经玄奘作文学修润,撰成著名的《大唐西域记》,共12卷。这是一部伟大的文化名著。书中记载了玄奘在十多年间亲身经历的110个国家和根据传闻的28个国家(共138个国家)的历史沿革、风土人情、宗教信仰、交通地理、道德习俗、政治文化等状况。它是研究印度、尼泊尔、巴基斯坦、孟加拉国以及中亚地区各国历史、地理的一部极为重要的著作,并对考古研究也有重要参考价值。最近一百多年来,此书已被译成世界上多种文字，在世界文化界享有极高声誉。在印度，考古学者更据此书记载，将一些佛教胜地，如王舍城旧址、鹿野苑古刹、阿旃陀石窟、那烂陀寺的遗迹一一探查发掘了出来。

玄奘还将中国道家经典《老子》译成梵文，传入印度，此书对以后兴起于东印度一带的密教的有关著述及修法方式，产生了直接和深远的影响。玄奘把在印度已经失传的大乘佛教名典《大乘起信论》译回梵文。他在沟通中印这两大东方文化体系中作出的卓越贡献，具有重大的历史意义。

禅宗六祖：慧能

《坛经》记载：六祖慧能经五祖弘忍授禅宗衣钵后，连夜遁往南方，在猎人队里隐藏了16年。为了弘法，慧能后来下山来到了广州法性寺，正遇上方丈印宗法师在讲《涅槃经》。这时一阵风吹来，把挂在门口和堂内的幡吹得飘舞起来，一个和尚说是风吹动了幡，一个和尚说是幡自己动的，两人争执不下。慧能在旁边听到后，大声说："既不是风在动，也不是幡在动，而是你们的心在动。"

慧能俗姓卢，河北范阳（今涿县）人。其父谪官至岭南新州（今广东新兴县东），慧能生于此地，遂为广东新州人。慧能幼年丧父，后移南海，因家境贫困，只得靠卖柴养活老母。有一天，慧能在集市中卖柴，听到客店有人诵《金刚经》，慧能一听马上就有领会，便问客人此经何处得来。客人告诉他从湖北黄梅东山寺弘忍大禅师处受持此经。于是，慧能产生了拜师之念。唐咸亨初年（公元670年），慧能把母亲安顿好后，即往北行。到了韶州曹溪后，正好遇见同村人刘志略。刘志略向慧能引见了出家之尼姑无尽藏。无尽藏持《涅槃经》问慧能，慧能说："我虽不识字，但还了解其义。"尼说："既不识字，如何解义？"慧能说："诸佛妙理，非关文字。"尼闻其言，深为惊异，遂告乡里耆老，竟来礼敬，即请慧能居于当地宝林古寺，称他为卢行者。

慧能在宝林寺住了不久，又至乐昌西石窟，从智远禅师学禅。智远劝他到黄梅东山寺去向弘忍受学。咸亨三年（公元672年），慧能到了黄梅东山，弘忍见他即问:"居士从何处来,欲求何物?"慧能说:"弟子是岭南人,唯求作佛!"弘忍问他:"你是岭南人,又是獦獠(当时中原对南方少数民族的称呼),如何能够作佛!"慧能说:"人有南北,佛性岂有南北?和尚佛性与獦獠佛性无别;和尚能作佛,弟子当能作佛。"弘忍一听便知慧能根器不凡,于是安排他随众僧劳动,在碓房舂米。

慧能在碓房踏碓八个月,未见弘忍传他任何法门,只是偶尔随大众一起听听经。有一天,弘忍考虑自己年事已高,为传承禅宗的衣钵,想考核考核徒众们的悟境,于是昐咐各人作偈呈验。时神秀为众中上座,即作一偈。慧能听其他僧人诵此偈后,以为还不究竟,也作一偈,请人写在壁上。弘忍见此偈,知道慧能已开悟,即于夜间召慧能,讲授《金刚经》,传与衣钵,并即送他往九江渡口。临别又叮嘱他南去暂作隐晦,待时行化。

慧能到广东曹溪后,先隐遁于四会、怀集(今广西怀集县)两县间,在山中与猎人一起生活。16年后,他来到广州法性寺(法性寺即今广州光孝

南华寺藏经阁

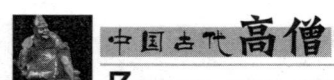

寺），因见地高妙，深为该寺住持印宗法师所重。印宗在菩提树下为慧能剃发，又请智光律师为他授具足戒。两月后，慧能即于寺中菩提树下，为大众开示禅门妙法。

不久，慧能又辞众回到曹溪宝林寺，当时韶州刺史韦璩听说了慧能的名声，率人入山请慧能讲法，兼授无相戒。他的弟子法海录其法语，又加入后来的法语，编成《法宝坛经》。从此以后，慧能在曹溪宝林寺说法30余年。先天二年（公元713年），慧能圆寂于新州国恩寺，世寿76岁。其门人迎其遗体归曹溪。慧能圆寂后遗体未坏，弟子方辩裹纻涂漆于其上，形象生动逼真，现供于广东曹溪南华寺（即古代的宝林寺）。

大慧禅师：一行

一行既是传承唐密的僧人，也是中国著名的天文学家。一行俗姓张，名遂，原籍魏州昌乐县（今河南南乐县境），是唐初功臣张公谨的后裔。

一行少年时，家道中落，常依赖他人接济度日。一行从小天资聪慧，记性过人。据说他读完一篇数千字的文章后，可以一字不漏地背诵出来。一行20岁左右来到长安拜师求学。他在京都遇到一位学识渊博的道士，道士见他勤奋好学，就送给他一本西汉扬雄的《太玄经》。一行如获至宝，接连几天几夜潜心研读，从此对天文律法产生了浓厚的兴趣。他把《太玄经》读完后，还撰写了具有独特见解的《大衍玄图》和《义诀》各一卷，阐释晦涩难懂的《太玄经》，得到著名的藏书家尹崇的推崇，名声大振，成为京城有名的学者之一。

唐中宗景龙二年（公元708年），武三思依仗武则天的权势，独揽朝政，为了笼络人心，武三思也拉拢一行。一行鄙薄他的行为，隐而不见，后来听说普寂禅师在嵩山弘扬禅门，于是前往参学，并深为禅学的透彻精深感动，于是就从普寂禅师出家，时年约二十四五岁。

出家之后，他得到普寂的许可，四处游方参学。《宋高僧传·卷五》说他只身三千里，来到浙江天台山国清寺，跟随一位隐名的大德研习数学、因明学，学术造诣更加深厚。唐睿宗李旦即位那年（公元710年），曾慕一行的名

第四章 魏晋隋唐时期的高僧

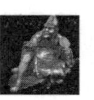

声，派东都留守韦安石征聘一行到京。一行以疾病缠身为由坚辞，却徒步来到湖北当阳玉泉山，在玉泉寺拜悟真律师学习毗尼，并探讨天文。

开元五年（公元717年），唐玄宗李隆基派一行的族叔、礼部郎中张洽亲自去武当山请一行入朝。一行于是随张洽来到长安，先住于洛阳大福先寺，协助善无畏翻译《大毗卢遮那神变加持经》（即《大日经》）。唐玄宗请一行进京，主要的目的是为了要整理历法。开元九年（公元721年），一行奉敕开始草拟《大衍历》，他查阅了大量的资料，并且对天文现象进行多次实测，做了深入的研究工作。

僧一行是唐代著名的天文学家

开元十五年（727年），《大衍历》终于完成，前后达六年之久。

开元十一年（公元723年），一行和率府兵曹参军梁令瓒（机械制造家）合作，用铜、铁制成测定日月星辰位置和运行规律的"黄道游仪"。他又用此仪器观测天象，证实了恒星的位置较上古有移动。为此他还画成36张天象图，深得李隆基的赞许。接着，一行又受诏和梁令瓒等人制造"浑天铜仪"。浑天仪始创于西汉武帝时的落下闳。东汉张衡曾将浑天仪改用漏水来转动。一行和梁令瓒改进了浑天仪的一些缺点，使之观察天象更为准确。"浑天仪"铸成后，玄宗命之曰"水运浑天俯视图"，并置于武成殿前以示百僚。

开元十五年（公元727年）十月，《大衍历》刚完成不久，一行因劳累过度，身染沉疴，不幸逝世，年仅45岁。噩耗传来，玄宗为之悲伤不已。为了表彰他的功绩，玄宗赐其谥号为"大慧禅师"，还亲自为一行撰写碑文并书于石上，还建塔葬一行于铜人之原。第二年（公元728年），玄宗游幸温泉，过一行塔前，又驻足徘徊，久不忍去，为之哀悼。一行还是中国密宗教理的组织者，是传承胎藏、金刚两部密法的大阿奢黎。他与善无畏合作撰写的《大毗卢遮那神变加持经疏》（即《大日经疏》），除了明白地阐明了该经的密义以外，更重要的是弘扬大乘佛教世出世间不二的积极精神，使密宗教理合理化。而一行，正是这种精神的实践者。

天平之甍：鉴真

鉴真是我国唐代赴日本传戒并首创日本律宗的高僧。鉴真俗姓淳于，扬州江阳人（今扬州江阳县）。鉴真14岁那年，随父亲入寺参拜。他见到佛像高大慈祥，很受感动，要求父亲让他出家。父亲见他年幼志高，便答应了他的请求。恰好这一年武则天下诏让天下诸州度僧，鉴真便从大云寺智满禅师出家。景龙元年（公元707年），鉴真游学东都洛阳和西京长安，次年于长安实际寺登坛受具足戒。

开元二十一年（公元733年），鉴真46岁。这时他已经学成名立，于是自长安回到扬州，先后十年间在江淮地区努力讲律传戒，声名远播，成为当时道岸之后独步江淮的律学大师。《宋高僧传》说他有著名弟子35人，各自倡导一方，共弘师教。他同时建造了许多寺院和佛像，书写过三部大藏经，又兴办救济孤贫疾病等社会事业，并曾亲自为病者煎调药物。

天宝元年（公元742年），在中国留学的日本僧人玄朗、玄法来到扬州，他们先礼拜扬州大明寺的鉴真大师，并请他东渡日本传法。鉴真见他们二僧很有诚心，便答道："我曾听说往昔南岳慧思禅师迁化之后，托生为倭国王子，兴隆佛法，济度众生。又听说日本长屋王崇敬佛法，造了千领袈裟，来施此国大德、众僧。看来日本确是佛法兴隆、有缘之国啊。那么，我的法众当中，有

鉴真给日本的文化荒漠带去了光明

谁肯应此远请,到日本国传授戒法呢?"一时,堂上的众僧无言以对。过了好一会儿,弟子祥彦才打破沉默,答道:"彼国太远,性命难存,沧海渺漫,百无一至。人身难得,中国难生;进修未备,道果未到。以此之故,众僧都默然无对。"鉴真一听,不觉动气,斩钉截铁地说:"我们此去,是为了传播大法,何惜身命?你们大家不去,那我就自己去吧!"祥彦连忙说:"如果师傅要去,我也跟着去。"结果道兴、道航、如海、澄观、德清、思托、荣睿、善照等僧也都表示愿随鉴真同赴日本。

鉴真接受日本僧人的邀请后,决心东渡,便立即着手筹划。当年冬天就请人造船和进行其他准备工作。第二年春天出发之前,道航认为这次东行是为传戒法,去的僧人要求品行端严,提议不让如海等人同去。这件事引起了如海极大的不满,便向淮南采访厅诬告道航造船入海和海贼勾结,因而闹出了一场大风波。后来经州官调查结果非实,只将所造的船没收,杂物还与僧人,如海坐诬告罪,荣睿和普照依例遭送回国。这是鉴真东渡第一次的挫折。

荣睿和普照因为没有达到目的,便再次恳求鉴真。为此,鉴真又做了充分的准备。天宝二年(公元743年)十二月,鉴真又率弟子17人出发,随行还带有100多手工艺人,没想到船到了狼沟浦就被恶风急浪打破了。这是第二次的挫折。鉴真和随同人员上岸后,经过一番艰苦努力,修理了船再走,到下屿山住一个月,待得好风出发,拟到桑石山,又被风浪打坏了船,幸而人员没有伤亡,但水米俱尽,饥渴三日,得到当地州官救济,被安置于明州(今宁波)阿育王寺。这是第三次的挫折。此后,鉴真又经过两次挫折,并因旅途艰险,眼病突发,遂至失明。

鉴真最后一次东渡是天宝十二年(公元753年)十月,这时他已66岁了。这一年他乘日本使船出发,同行的僧侣及信士共24人,还带去了大量的佛经,甚至带去了晋代大书法家王羲之、王献之的行书真迹。次年二月到达日本难波(今大阪)。为此,日皇的特使吉备真备宣读诏书对鉴真表示慰劳和欢迎,并请他就东大寺设坛传戒。

同年四月初,在鉴真的指导下于东大寺毗卢遮那大佛殿前筑了一座戒坛。鉴真登坛为日本的天皇、皇后、皇太子授菩萨戒;又为沙弥证修等440余人授具足戒;大僧灵祐、贤璟、忍基等80余人也舍旧戒重授。这是日本佛教史上正规传戒的开始。天平宝字三年（公元759年），鉴真率弟子建成唐招提寺（今日本奈良唐招提寺）。天平宝字七年（公元763年）五月六日，鉴真入灭于该寺，享年76岁。他的遗体葬在该寺东北角的松林中。

鉴真生前，弟子们为他所制的夹坐像，至今还供奉在寺中的开山堂，视为日本的国宝。唐招提寺还藏有鉴真的《东征绘传》五个长卷，是日本名画家莲行为了纪念他们东渡传律而画的。

知识链接

落发

落发，又称剃发，指出家时剃净须发。从内心说，这是为了去除"骄慢自恃心"。骄慢，指的是自高自大凌物不逊，仗着自己的智力势力等轻侮佛门之心。

从外表说，这是为了和一切"外道"即非佛门的其他修行者相区别。从悉达多断发时的宏愿说，则是以这种举动立誓，从此要为了给世界上一切有情者（包括人畜等有知觉者）断除烦恼习障而奋斗。

烦恼也译成"惑"。它是佛教对于扰乱众生身心使之产生迷惑、苦恼等精神症状的总的称谓。烦恼习和烦恼障，则特指佛教七众修持中的烦恼问题。烦恼习是修持中基本断除烦恼后残留的习气、习惯。例如，有名的罗汉孙陀罗难陀（意译"艳喜"），出家前贪恋娇妻孙陀利（意译"艳"），证果后，遇到大庭广众中男女混杂时，眼睛还是先朝漂亮女人看，这就是一种烦恼习。烦恼障则指扰乱身心使之不得寂静不能专心修道的种种障碍，如贪欲瞋恚愚痴等。

第五章

宋元明清时期的高僧

　　这一时期的佛教体现出既吸收中国传统文化，又影响中国传统宗教的双向性，儒教、道教在不同的程度上都汲取了一些佛教思想。
　　佛教在中国经历了隋唐的高度繁荣后，仍能不断发展，与儒、道并立，是与宋元明清四代的僧人分不开的，正是他们始终如一地从事弘扬佛教的工作，才使佛教在长盛不衰的同时产生了新的气象。

第一节
宋元高僧

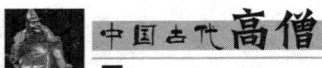

义学名僧：智圆

智圆（976—1022年），字无外，自号中庸子，或称潜夫。智圆为钱塘（今杭州）人，俗姓徐。他在很小时因家境贫困而出家，8岁时在钱塘龙兴寺

智圆出家的龙兴寺

受具足戒。智圆在 21 岁时，前往奉先寺依僧人源清学习天台教观。这一时期，他还对儒家的经典发生了浓厚的兴趣，认真学习了儒家六经及各种学说，以后，终其一生，他好读儒书，好作诗文，主张"修身以儒，治心以佛"，从而背离了纯粹的佛教，但代表了宋代一部分僧人思想的倾向。

两年之后，源清逝世，智圆就隐居在两湖孤山的玛瑙坡。当时智圆尽管隐居，但他的名声还是不胫而走，许多人都登门向他求学。智圆也乐于将天台法要授人，经常为人讲经说法。平时赋闲时，他喜欢与林逋清谈论道，吟咏诗赋，乐此不疲。

智圆的老师源清生前继承慈光晤恩（公元 912—956 年）的学说，著有《法华十妙不二门示珠指》两卷，其中说到《金光明经玄义》广本中的观心，不是智的本意，而是后人增加的，因而主张真心观。源清的观点被（该书有广本、略本之分）四明（浙江宁波）知礼（法智）看到后，不同意他的说法。于是，知礼以天台宗正统自居，著《释难扶宗记》反驳源清的观点，维护"广本"的真实性。智圆见老师受到知礼的非难，乃与同门庆昭一起合著《辩讹》进行反驳。

其后十余年，智圆又撰《金光明经玄义表微记》一卷，以词鄙、义疏、理乖和事误四难，批判广本的观心释。又撰《请观音经阐义钞》，提出智在《请观音经疏》中所说的理毒（法界无染而染为理性之毒）能消伏，所以不是性恶。知礼对此又撰《释请观音疏中消伏三用》及《对阐义钞辩三用一十九问》，破智圆之说，而主张理毒即性恶。庆昭的弟子咸润作《释签》救智圆，知礼的弟子仁岳也作《止疑》与咸润对辩。于此，天台宗内部就形成了山家山外两派之争。以知礼为首的人自称为山家派，而智圆等人自然就是山外派了。两派的争论长达十年之久，直到钱塘太守进行干预，争论才平息下来。所谓山外派，这是自称为山家派的僧人所指称的，有排他性，其实智圆他们并不承认自己是山外派。

智圆于行禅讲道之外，好读儒书，又喜为诗文。因他隐居孤山，众称为孤山法师，弟子孤山惟雅传其学。智圆曾于宋真宗天禧五年（1021 年）冬，就自撰《阿弥陀经疏》，撰《西资钞》，扶病口述，即由惟雅笔录成书。宋乾兴元年（1022 年），智圆离世，年仅 47 岁。宋徽宗崇宁三年（1104 年），被谥为"法慧大师"。

智圆生前，曾告诫自己的弟子说："吾殁后，毋厚葬以罪我，毋建塔以诬我，毋谒有禄位求铭以虚美我。宜以陶器二合而瘗，立石志名字年月而已。"这位天台宗的义学名僧，对自己的后事安排如此简单，实在是令人敬佩。

智圆为山外派中著述最宏富的学者。据《佛祖统记》，他的著述如下：《文殊般若经疏》两卷、《遗教经疏》两卷、《般若心经疏》一卷、《瑞应经疏》一卷、《四十二章经疏》一卷、《普贤行经疏》一卷、《无量义经疏》一卷、《不思议法门经疏》一卷、《弥陀经疏》一卷、《前楞严经疏》十卷。以上是智圆十部经的著述，所以在历史上，他被称为"十本疏主"。但是智圆的著述还不止这些。据《佛祖统记》卷十记载，他的著作共计26种，130卷，在天台宗历史上有这么多著述的人是不多见的。

智圆的学说，在教理方面，大体不出山外诸师一般的见解，主张心是能造、能具的通体，色是所造、所具的别相，所以心具三千，色不具三千。又主张心、佛、众生三法中，只有心是理，是能造的总体，生、佛诸法只是事，是所造的别相。所以理具三千，事不具三千。

大宅法王：八思巴

元朝以前，蒙古族有自己的语言但没有文字，直到元世祖至元六年（1269年），元世祖忽必烈才诏令一位西藏喇嘛教的高僧创造蒙古文字出来。这位高僧就是被忽必烈尊为帝师和"大宅法王"的八思巴。

八思巴，是元代藏传佛教萨迦派的第五代祖师。他是中国西藏萨迦人，他的家族在历史上从宝王建萨迦寺后叫"萨迦"，此后，这个家族的名声遍传各地。八思巴从小聪明异于常人。据说他3岁时就能讲喜金刚修法，措辞流畅，大人们都惊叹世上稀有，因此就称他为八思巴（圣者）。八思巴4岁时随萨迦班底达来到阿里的吉庄帕巴瓦底寺，9岁时就登坛讲喜金刚本续《二观察》，名声大著。10岁时，他在拉萨大召寺释迦佛像前受沙弥戒，并从杰隆堪布听受《三百学处》。

后来，元世祖忽必烈听闻了萨迦班底达的名声，通过西凉的廓丹汗来邀

第五章 宋元明清时期的高僧

请萨迦班底达到蒙古传法，并邀请八思巴及其弟金刚手随侍前往。来到蒙古地区后，八思巴又随萨迦班底达学习显密之学，深得班底达嘉许。几年后，班底达自知不久于人世，临终前将释迦牟尼金像和经钵授予八思巴，并且举行教主传法典礼，将所有徒众托他管理传法。做完法事后，班底达端坐圆寂而去。

以后经廓丹汗的介绍，当时19岁的八思巴前往忽必烈的

八思巴坐像

密宅，为忽必烈夫妇等25人传喜金刚四种灌顶。忽必烈深为八思巴的法力和学问感动，为谢法恩，遂将西藏十三万户（前藏、后藏各六万户、延卓一万户）作为求密法的供养赐给八思巴。此后70多年间，萨迦派执掌了西藏政教的重权。当时，八思巴的一个好友、西藏大学者奈塘正理剑对此表示不满，寄诗讥讽他："嘎厦乌云障佛教，国王夺去众生乐。浊世沙门贪富贵，不悟此理非圣人。"读后，八思巴也作诗回答："教有盛衰佛明训，有情安乐系自业。随类被机施教化，不解此理非学者。"那时，忽必烈对八思巴崇奉备至，打算下令使西藏各派教徒一律改信萨迦派。八思巴认为不妥，力加谏阻，他要忽必烈谕示各派依照自己的宗教传承清净修学。

忽必烈即位后为元世祖。中统元年（1260年），忽必烈尊八思巴为国师，授以玉印，任他为中原法主，统率天下教门。中统四年（1263年），八思巴因思念故乡，即向忽必烈辞归西藏。忽必烈放他回西藏后，因思念国师，不满一月，又将八思巴召回。

至元六年（1269年）间，八思巴奉诏制蒙古文字，即后世所传的八思巴文。这是一种拼音文字，但在形式上也可以写成大致的方块形，书写格式一般是从右到左，直行。制成之后，元朝廷曾借政治力量大力推行。当时流传

147

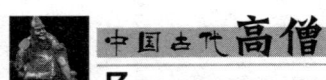

不少这种文字的钱币、碑刻、印刷品等物,也有不少流传到今日。

八思巴33岁再应元世祖所请,率领司膳、司寝等十三司的贵族组织盛装出发,抵达北京。八思巴再次为元世祖及左右大臣灌顶传法。元世祖把西藏三部及一部分汉族地区赐给八思巴作供养,并献六角水晶章及册文,颁给帝师的封号。八思巴到京城后曾和许多汉族、印度学者校对佛经,深获元世祖的崇敬。

至元十七年(1280年)十一月二十二日,八思巴圆寂,享年46岁。元世祖在京师为之建塔,并谥为"皇天之下一人之上开教宣文辅治大圣至德普觉真智佑国如意大宝法王西天佛子大元帝师"的称号。

八思巴的弟子著名的有胆巴、阿鲁浑萨里、沙罗巴、达益巴、迦鲁纳答思等。为汉族人士所熟知的是沙罗巴。沙罗巴为西域积宁人,幼时即依八思巴出家,习诸部灌顶法。又从其他上师广学显密诸法。善吐蕃语,兼解诸国文字。此外,尼泊尔的雕塑师阿尼哥,是经八思巴的劝导而从之出家的,并随八思巴到了北京。阿尼哥是一位能工巧匠,中国的雕塑艺术受他的影响较大。北京妙应寺白塔,是他设计并指挥建造的。

人间活佛:道济

传说道济小时候读书于赤城山,天资聪颖,工诗文、通经史,在父母双亡、家道中落以后,看破尘世,18岁去杭州灵隐寺剃度出了家。他在庙里不守戒律,嗜好酒肉,举止癫狂,常游荡街头,与小儿为伍。他慷慨好义、扶危济困,因不守寺规,曾受众僧攻击,瞎堂慧远禅师则认为:"佛门广大,岂不容一癫僧",人们称他"非俗非僧,非凡非仙"。由于他文字造诣很深,在灵隐寺曾被委任书记,一切内外文件,均出自济公之手。他写作往往不假思索,一挥而就。其诗句工整,诗意潇洒豪荡,有情有景,深寓禅机。如他在净慈寺居住时,经常乘舟游览西湖,一次偶题云:

几度西湖独上船,篙师识我不论钱;

一声啼鸟破幽寂,正是山横落照边。

"不论钱"正说明济公生平不计钱财,生活淡泊,似一苦行头陀。末两句

第五章 宋元明清时期的高僧

写景寓情，写出"夕阳无限好"之景，但丝毫没有"只是近黄昏"的伤感和哀叹，展现出了他的豁达和洒脱。

传说济公于灵隐寺出家，学习参禅，经过慧远禅师不断指点、琢磨，一夕灵机触动，豁然有悟，发狂跳跃，得慧远禅师印证，有四句诗云：

> 昨夜三更月正明，有人晓得点头灯；
>
> 蓦然思起当时事，大道方知一坦平。

济公开悟后，于日常生活中都透现灵机，如他一次喝粥时，信笔填了一首"临江仙"的词：

道济就是济公

> 粥去饮来何日了？都缘皮袋难医。
>
> 这般躯壳好无知，入喉绕到腹，转眼又还饥。
>
> 唯有衲僧浑不管，且须慢饮三杯。
>
> 冬米犹挂夏天衣，虽然形丑陋，心孔未尝学。

后来慧远禅师圆寂，济公感念师恩，为遗体荼毗时举火云："师是我祖，我是师孙，着衣吃饭，尽感师恩，临行一别，弃义断襟，火把在手，王法无亲。大众且道如何是王法无亲？嘻！与君烧却臭皮袋，换取金刚不坏身。"慧远禅师属禅宗临济系统，"七尺棒头开正眼，一声喝下息狂机"，棒打拳击，如霹雳灌顶，正是这一系的门风。济公继承慧远衣钵，虽然不检细行，放浪形骸，但仍是禅宗一位高僧。

道济于嘉定二年（1209年）五月十六日逝世于虎跑寺，临终前曾书偈曰：

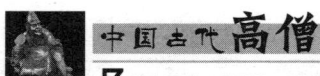

六十年来狼藉，东壁打倒西壁。
　　如今收拾归来，依旧水天连碧。

　从此偈语中，可以了解济公的精神世界。在行为狼藉中，由俗显真，在水天连碧的境界中，纯归于真。

　济公圆寂后，寺僧在虎跑寺中为其修建了塔院，门前有联云："一柄破蕉扇，一领垢衲衣，终日嘻嘻哈哈，人笑痴和尚，和尚笑人痴，你看怎样？""奔来豁虎跳，挺去翻筋斗，到处忙忙碌碌，我为度众生，众生不度我，佛叹奈何！"

知识链接

灵隐寺

　浙江杭州市著名风景名胜区西湖岸边的飞来峰下，有一座著名的佛教寺庙灵隐寺。这里是济公活佛出家处，被称为我国佛教禅宗十刹之一。

　不闻寺史与寺貌，仅"灵隐寺"寺名，就可引起人们的思绪。宋代著名诗人苏东坡的"溪山处处皆可庐，最爱灵隐飞来峰"的诗句，是东坡游灵隐有感所写的名句。灵隐寺的"隐"字由何得来？其实就是因为灵隐寺所处的环境是一个被群峰环抱的峡谷，依山傍水使人感到似仙灵所隐之地，故起名灵隐寺。

　灵隐寺又名云林寺，始建于东晋咸和元年（公元326年），距今已有1000多年的历史。灵隐寺的创始人是印度僧人慧理禅师。初建规模并不很大，南北朝时对其进行大规模修建。但之后灵隐寺历经数次荒废与兴建，先后改名为灵隐山景德寺、景德灵隐寺、灵隐山崇恩显亲禅寺等，清康熙皇帝还为本寺亲自题名"云林禅寺"。但是人们通常还是用灵隐寺为寺名。

第二节
明清高僧

国师之师：宗喀巴

宗喀巴，是藏传佛教史上最有权威的人，也是格鲁派（黄教）的创始人。他受沙弥戒时的名称叫善慧称吉祥。宗喀巴是后来人对他的一个尊称，"宗喀"（今青海省湟中县塔尔寺所在地）是地名，"巴"是藏语的语尾之一，"宗喀巴"原意即是宗喀地方的人。宗喀巴生于青海宗喀的上层官僚家庭，父亲曾任达鲁花赤（地方长官），但他笃信佛教，乐善好施。宗喀巴自幼受到佛教的熏陶，两岁时，饶必多吉活佛就为他授近事戒（不入寺院，在家修行），后从噶当派高僧敦珠仁钦出家。

为了进一步深造，宗喀巴16岁时（1372年），辞别敦珠仁钦前往西藏。经过艰苦的长途跋涉，宗喀巴到达拉萨东面的止公山林。他在止公寺向阿仁波且座前听受大乘发心仪轨、大手印五法、那诺六法等教法。以后

铜鎏金宗喀巴像

又来到拉萨西面的极乐寺，从吉祥狮子和善满听闻经论。19岁时，他在那塘学习《现观庄严论》。由于论中多引《俱舍论》原文，比较难懂，因此他又从义贤译师学习《俱舍释》。第二年夏天，他又到泽钦随庆喜祥学习《现观庄严论》。庆喜祥又介绍他到仁达巴那里学习《俱舍论》和《入中论》。仁达巴的学问修持都极好，因此成为宗喀巴一生中最重要的师长。这样，几年下来，宗喀巴学习了大量的经论，成为一位博学的仁波切。

宗喀巴未到而立之年就已在藏区崭露头角，当时有个叫贾曹杰的青年喇嘛很不服气。一次，当宗喀巴正在为僧众说法时，贾曹杰不脱僧帽，大摇大摆地闯进经堂。宗喀巴见状离开法座走到僧众中继续讲经。贾曹杰竟一屁股坐到法座上，傲视整个经堂。不过，宗喀巴讲经的智慧、动人的比喻深深打动了贾曹杰的心，他羞愧地脱下僧帽，走下法座，拜倒在宗喀巴面前，请求宗喀巴收他为徒。宗喀巴连忙将他扶起，接纳他为弟子。从此，他们师徒二人形影不离。

宗喀巴学习圆满后，即改戴黄帽，以后他的弟子们也就随着戴黄帽，因此形成黄帽派。黄帽原是持律者所戴，宗喀巴想振兴戒律，因而也就戴上了与过去的持律者们同样的黄色的帽子。虽然戴黄帽并不自宗喀巴始，但宗喀巴采用黄帽，用意是复兴戒律，并没有改革宗教的含义。

永乐六年（1408年）六月，明成祖派大臣四人，随员数百人，到西藏迎请宗喀巴来汉地传法，当时，宗喀巴正在患病，只好婉言辞谢。大臣们就请他派一上首弟子代表前往。他便令大弟子释迦智到京城，谒见了永乐帝以后，被封为"大慈法王"。同年，宗喀巴撰写了《中观论广释》，他在有600多位三藏法师的聚会中，广为宣讲。此外还讲了《中论》《密宗道次第》等。又应徒众之请，兴建根本道场格登寺。第二年来到格登寺，讲述《菩提道次第》《集密月称释》等。

宗喀巴在58岁时，藏王名称幢迎请他赴闻地的扎西朵喀安居，为三藏法王数百人宣讲《中观》《因明》《菩提道次第》等经论。以后他又回到格登寺。59岁时，他著《菩提道次第略论》，62岁在格登寺著《入中论广释》。明永乐十七年（1419年）藏历十月十九日，宗喀巴卧病在床，他自知在世不久了，于同月二十三日传衣帽给弟子贾曹杰。二十五日，宗喀巴大师圆寂于甘丹寺，走完了他光辉的一生，享年63岁。

宗喀巴的平生，在学问修持各方面都具有很高的造诣。对于教理，他总结大小乘、显密一切教戒理论，而自成一家之言。他对于戒律，能矫正旧派佛教的流弊。他所创的格鲁派至今为我国藏地第一大教派。藏语系统的佛教徒，大多崇奉他为教主。

降虎大师：智檀

智檀俗姓冯，字香木，晚年又号肺山，汉中人氏。乃书香门第，男丁无不习儒，借以跻身仕途。而智檀生下来就大异家风，秉性殊资，甚趣佛学。20岁时，剃发出家，师从无量和尚。智檀禅师原来是清朝初年长沙岳麓山万寿寺的沙门。

传说智檀20岁的时候，便告别尘缘，来到明珠院，剃发修行拜无量和尚为师。一天，寺院中有两位僧人在说法对语，他看见不觉驻足而听。只听得其中一位说："学习佛家大法的人，要想不受生与死的轮回痛苦，定要到处参禅习经，博采众家之长，深入究探佛理才行。否则，便只是一句空话。"

说者无意，听者有心。智檀听到这话，心中不禁怦然为之一动，便决心

灵山多名寺

游方苦行。

最先，他来到终南山（在陕西西安市南）中，苦诵《楞严经》，过些日子后，心中已渐觉有感应；接着又北入长安（今陕西西安）各个寺院的法席，听过众多大师讲经，又虚心请教大师，还登坛阐佛，佛法禅理又渐渐深入一个境界。在长安城里的那些法会之上，智檀禅师常常应邀代座演论，颇得大家的赞许。但是，过了些日子，他想起自己行脚天下，遍访名师的誓言，对自己留恋都市、行旅不健深感痛悔，心想："难道我的誓愿就此终结了吗？不，绝不能！"

这样，智檀禅师又接着一路颠簸，南下到了湖广（今湖南、湖北一带）。在这里，他曾与人辨析《圆觉经》大义，互相参证发明的禅理，大有收获。当他辨析到"普眼菩萨章"中"根根尘尘，周遍法界，无坏无杂"几句时，突然听得小孩童撞击钟鼓的声音，只觉得音响雄阔，远传四方，他知自己还没入境，便失笑地说："告讲解大法悟证，没想到还是复杂！"说完，走下法席，竟然觉得自己通体舒泰，妙不可言，世界万物，恍若虚无，佛学又大有进境了！

接着，智檀禅师又来到九江（在江西省），参拜竺庵、成复、龙池等诸位大师，受到这些大师的指点，机缘精进；自己又不断勤学苦修，不久即能够举头见桂树，佛学禅机融贯心中，仿佛自己如从一口渊深的井底跳跃出来，稍一抬头，就能回望上天，满眼是朗朗乾坤，骄阳辉照，至于那些关节、块垒，都荡然无存。展现在他面前的是一个宽广无垠的纯净世界。

清朝顺治甲午年（1654年），智檀禅师已然35岁了，但他仍然谦虚好学，到处恭敬地叩参名师。这一年，他又来到宝寿寺，参拜白严禅师，此番语面，白严禅师很是赏识他，并让他继承寺里的衣钵。接着，他又回身北上，再到湖湘，准备寻觅一处深山严谷，以作自己精修之所。正好，长沙城西的岳麓山，本来是一处风景绝佳的胜地，也建盖了许多佛寺，但是，因为连年战争，人烟稀少，这些佛寺竟然草木凋零，一片荒芜。智檀禅师知道此事，便领僧上山，理修古寺。

于是，那些四散他方、流离颠沛的僧众闻讯而集，重归寺院，从而使岳麓寺的法音又日胜一日地恢宏起来。

这一年连月大旱，湖湘一带粮食颗粒无收，百姓到处去逃荒要饭，为了不让百姓受灾受难，智檀禅师特地登坛设法，诵佛念咒，为人民祈祷，得大雨倾注，甘露普降。乡人为了表达钦服、诚谢之意，不约而同地勒紧自己的

第五章 宋元明清时期的高僧

裤带，节省出点点滴滴的口粮和钱财，捐赠给禅师，以作建寺之用。

此时，张秉节少师任湖湘巡抚，他便调拨银两，修筑寺中的大雄宝殿；而督抚钜公则又捐助钱财建成法堂、丈室、门庑、庖厨等。这样，荒芜的古刹基本上又被重新修建起来。

后来，中丞三韩（今朝鲜）周公要来做湖南巡抚。一天晚上，他突然做了一梦，梦里有位得道高僧在自己的沅芷衙署中求见，畅论佛法，多中心怀。周公心中诧异。等到车驾来到长沙，小憩之余，又趁兴登岳麓山，拜谒岳麓寺，当见到智檀禅师法容，更是大为惊讶：眼前的大师正是他梦中曾经见过的得道高僧。因此，周公便又慷慨解囊，在寺中再建藏经阁。这样，岳麓寺法席齐备，寺规严整，昔日繁茂，毕现眼前。

可是不久，智檀禅师在与周公研习佛经之时，为一句经语"心静自凉"的所悟争论起来，俩人相持不下。周公的脸面很有些难堪，觉得下不了台面，于是，他便想利用手中大权，罗列罪名，逮捕智檀禅师。有人出于仰慕禅师的法行，得知消息就偷偷地跑来相告，劝他云游天下，暂避一时。但是智檀禅师却不为所动，心无畏惧，慨然正心，说："祸患的来去自有一定的时节，因缘全在一个人怎么去处决这些祸患。而对我来说，摆脱生死轮回的得力处却正在这祸患之中。祸患能帮助我了却生死轮回这一大关隘，我还躲避它干什么？"禅师执意不避。

不多久，衙役果然手执镣铐，气势汹汹地将智檀禅师给抓了起来，并把他投入监牢之中。但是，禅师却依然一如平常，面无惧色，任由鞭挞、辱骂，概不入心，又将监牢中分发给的那本来就少得可怜的一点点米饭，施舍给同牢房中食量大、吃不饱的囚徒；并规劝大家诵经念佛，消灾禳祸。这样过了很久，智檀禅师终于被释放了出来。他并没有马上就回到岳麓寺，而是来到云腾寺，诛茅为庵，修习参悟。随后，又南游南岳衡山，到马祖传法院担任了寺院住持。

康熙庚子（1720年）年的一个晚上，万里无云，皓月当空。智檀禅师正在寺院中静修，突然，寺院外两只老虎厉声长啸，此伏彼起，和契相应，宛若山崩石裂，直入静室。智檀禅师一听，神态安祥地随口念了几声咒语，然后又从容立起身来，杖策而端坐寺门外，大声呵斥道："你们俩业根未断，尘缘未了，还敢在这里张狂！"说罢走向老虎，老虎见智檀禅师走来，仍想大发虎威。谁知智檀禅师神色不变，席地诵起经来。渐渐地两只老虎温顺下来，

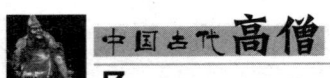

像两只大猫那样匍匐地上。

直到这时,智檀禅师才转过身来,告诫侍僧说:"今天晚上的事情,你们都看到了,也就行了。不要再把它告诉别人,以免引起大家的恐惧,以为我妖法惑众。"后来人们再进山朝拜、打柴、入牧,虽也常与猛虎不期而遇,却发现猛虎不再像以前那样凶猛,只静立原地瞅着行人,根本没有要追赶、撕吃的意思。渐渐地,人们的胆量也就大了,猛虎果然已被禅师驯服、摄制,不再害人。

第二年,智檀禅师离寺下山,来到衡阳(今湖南衡阳),拜访郡守张公。在张公衙门内,有人来报说城外射杀了两只猛虎,禅师听了心中一惊,想:"会不会是我的护山之虎呢?"不觉惋惜叹息,匆忙辞别张公,奔回山寺。

禅师回到寺中,布坛设法,准备超度两只老虎。但是,就在这时,突然听得法堂之外有两只老虎互相呼应着长啸数声。禅师听了,心中非常欢欣,他见人就告诉:"我的护山虎好好地活着,原来没有被杀死啊!"

禅师为什么说两只虎是护山虎呢?原来,自从它俩被驯服后,凡是山寺中设坛说法、聚集僧众的日子,或者是新建柱梁、彩刷尘垢的时刻,附近的林莽之中就会传来这两只老虎的彼此合鸣,长啸不已。刚开始,大家还不怎么在意,以为只是巧合,可是时间长了,竟然屡试不爽,一无例外,人们方始信服。关于这一特殊而神奇的事实,智檀禅师曾经挥毫赋偈,其中有这么两句:"玲珑茅屋无关设,虎鹿终朝伴作邻。"说的正是这件事。后来,智檀禅师圆寂西逝,而猛虎也不知去向了。

八指头陀:敬安

敬安,字寄禅,别号"八指头陀"。敬安俗姓黄,名读山,湖南湘潭人。他出身于一个贫苦的家庭,7岁时就失去母亲,父亲把他和弟弟寄养在邻居家。11岁时,他进私塾学《论语》,但次年父亲又病死了,敬安与幼弟相依为命。为了度日,敬安把幼弟安置在族中长辈处,自己为人家放牛。塾师周云帆见他家贫不能念书,让他到乡塾当佣工,有空时可读书。不久周病故,他给一位富家之子当伴读,常遭呵斥,于是愤而离去。

有一天,他看见白桃花被风雨摧毁而放声悲哭,于是想出家以度生死。16岁那年,敬安来到湘阴法华寺从东林和尚出家。同年冬天,敬安到南岳祝圣寺从

贤楷律师受具足戒。受具足戒后他首参衡阳岐山仁瑞寺的恒志和尚，历经五年。

清同治十二年（公元1873年）开始，敬安开始云游各地，他到过江西、江苏、安徽、浙江、湖北等地的名山古寺。他一边游山访寺，一边作诗，同时也不忘参禅，过着亦诗亦禅的独特生活。

光绪三年（公元1877年）秋，敬安云游至宁波阿育王寺。为了表示自己事佛的决心，他在佛舍利塔前烧二指，并剜臂肉燃灯供佛，自此号"八指头陀"。他写有诗云："割肉燃灯供佛劳，了知身是水中泡。只今十指惟余八，似学天龙吃两刀。"（《自笑》）光绪十五年（1889年），他在衡阳罗汉寺任住持，后来先后在南岳上封寺、大善寺、沩山密印寺、湘阴神鼎寺、长江上林寺、宁波天童寺等专任住持。在沩山，他立志复兴沩仰宗风，三年下来，颇见成效。在天童寺任住持时，已年51岁，几年后，使天童禅风大振，他也自称为"天童八指禅"。光绪三十年（公元1904年），他的诗集《白梅诗》刊行，因而时人也称其为"白梅和尚"。光绪三十四年（公元1908年），敬安在宁波筹资办僧学，还到南京奔走求助。僧学办成后，他被推为宁波僧教育会会长。民国元年（公元1912年），各地佛教徒在上海筹建中华佛教总会，敬安被推为会长。

这一年，各地发生侵夺寺产的现象，敬安赴北京请国民政府予以保护，

大气恢弘的阿育王寺

反遭内务部礼俗司司长杜关侮辱。敬安一时悲愤交加，病死于法源寺，享年60岁。当时北京各界有上千人悼念他。

敬安的禅，实际上是把正觉的默照禅与宗杲的话头禅结合起来了。他主张通过坐禅的功夫开悟，因此敬安的禅可以称为"枯木禅"。他有诗云："寒岩枯木一头陀，结习无如文字何？"（《自笑》）"愿结三间茅屋住，万松关里坐枯禅。"（《游四明天童》）他也曾以"枯木头陀"自称，也称为"白骨禅"。"寺门萧索锁寒烟，夜坐谁参白骨禅？"（《夜坐灯焰忽绿有影横窗谛视不见》）敬安以枯木和白骨，比喻坐禅时排除妄念，心如枯木白骨，在枯寂中，与万物一体，物我无分。

近代太虚大师称他为"中兴佛教"的和尚。敬安除了有振兴沩山、天童道场的业绩外，他还是近、现代佛教中兴禅宗的高僧。敬安更是以诗僧著称于世。他写的诗文辞清新自然，境界自有高格，可与唐代寒山、拾得、贯休、宋代的石门等人相提并论。

敬安的诗文，杨度编有《八指头陀诗集》十卷、《续集》八卷、《文集》一卷，另有《嚼梅吟》一卷、《白梅诗》一卷、《法语》两卷等。岳麓书社于1984年编成《八指头陀诗文集》出版。

晚晴老人：弘一

天津河东区陆家胡同2号，是光绪年间津门有名的"李善人"家。"李善人"名李世珍，字筱楼，原籍浙江平湖，中过清朝进士，还做过几天的吏部主事。以后做生意，垄断天津盐业。晚年更致力于兴办钱庄银号，是天津早期的银行家。

光绪六年（公元1880年），李筱楼已68岁。九月，他那位芳龄仅18的三房姨太太，又给他生了个儿子。

李筱楼长子早逝，次子文熙这年也才12岁。如今，晚年得子，虽是庶出，亦是喜不自胜。怀着一片虔诚之心，老人给老儿子取名文涛，字叔同。文涛4岁，父亲去世，兄长文熙继承家业。

文熙当时也只16岁，做了一家之长，除了管理偌大一份家业之外，还对弟弟严加督责。文涛一切行坐住卧，应时进退，都须按规矩。他又自任文涛的启蒙老师，教文涛读《千字文》《朱子家训》《论语》《孟子》《大学》《中

第五章 宋元明清时期的高僧

庸》等。

　　文涛渐大，10余岁后已感到家庭之中的压力。庶出的地位使他受到歧视，他的意识深处，培植起与强烈的自卑感俱生的强烈的出人头地的欲望。李文涛渐渐长大。诸般学问，无论经史子集、金石书画、诗词歌赋、吹拉弹唱，都有了一定功底。尤其是书法，师百家而又以北魏张猛龙为专精。张猛龙书法，点画灵变，借让巧妙，结构精致而气魄甚大，在方朴古拙之中，蕴劲健雄俊之气，豪放又严整敦厚。李文涛在此基础上，形成自己的书法风格，成为一种藏神无骨，柔软中见棱角的特色，深为人们喜爱。

　　上海是当时中国新文化的中心。文涛来到上海，如鱼得水。他才华既富，金钱实力又足，一掷千金也不需皱眉。他很快加入上海文人圈子，成为"城南文社""沪学会""上海书画家公会"等成员，在艺苑崭露头角，同上海滩文人骚客打得火热，一同花天酒地，狎妓风流。在此期间，他的妻子为他生了两个儿子。

　　这种醉生梦死、寄情声色的生活，转眼就是8年。人生的空虚，阵阵袭来。这年，他母亲病逝，年方40余岁。

　　相依为命的母亲的去世，对文涛是当头痛击。他痛苦万状，心如风筝断线，飘飘荡荡，仿佛失去了落脚之处。从此，他不再用文涛这个名字，改称李叔同。这年，他26岁。

　　到日本后，叔同进入东京上野美术专门学校，攻西洋油画，兼习音乐。还参加了孙中山领导的同盟会。

　　但留日期间他最重要的活动是戏剧。当时，日本戏剧界在西方文化的影响下，借鉴欧洲浪漫派戏剧，改良歌舞伎，创造了新派戏——话剧。留日中

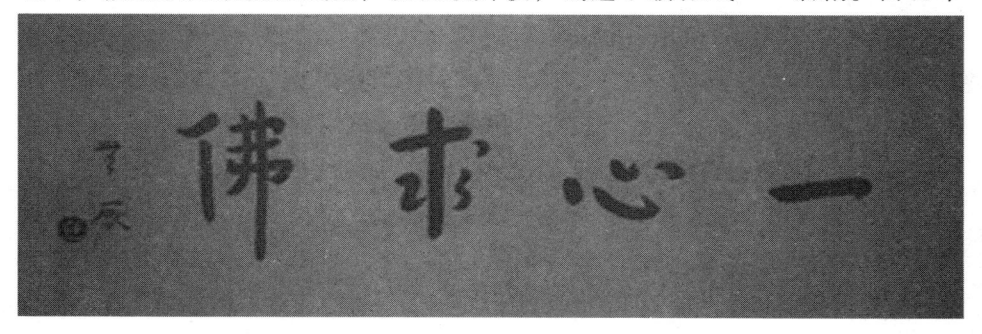

弘一书法作品

159

国学生因认为多看新派戏有助于学习日语和了解日本社会，常去看戏，李叔同也不例外，并由此而对戏剧产生了浓厚兴趣。叔同于 1910 年回国，回国后，他把春柳社也迁到上海，并在上海南京路口办起一个春柳剧场，建立起一个话剧演出的基地，当时春柳剧场的演出，大受上海观众欢迎。于是，上海各种表演文明戏的团体纷纷效仿组织，风起云涌。从此，话剧在中国正式成为——大剧种。对此，李叔同确实具有开山拓荒的首功。李叔同天津老家开有"义善源"和"源丰润"两处票号（钱庄），这时相继倒闭。天津的盐商全部破产，李家是大盐商，当然首当其冲。倾刻之间百万家财，化为乌有。

　　叔同名下的几十万钱财自然也付诸东流。从此，生存的一切，要靠他自己谋取了。他别无所长，惟有一些艺术才赋。这种才赋，以往对于他是脱俗的，但以后要用来换取吃穿之资了。这个落差，对于他来说是巨大的。他以后出家，个中原因种种，但人们大都认为，破产的刺激是最主要的。

　　1912 年，叔同从天津到上海，任教于城东女学。3 月，南社文友聚会，经人介绍，叔同受聘在《太平洋报》工作了一段时间。该报由辛亥志士陈英士创办，叶楚伧任主笔，苏曼殊、柳亚子皆是同仁，叔同当时任文艺副刊编辑。到 7 月，《太平洋报》很快倒闭。叔同又受聘于浙江两级师范学堂，来到杭州，在学校中教授音乐和西画两科。在两级师范学堂时，他和当时任学校舍监的夏丏尊是同事，并结为至交。并与几位资质上佳的学生如刘质平、丰子恺等交厚，以后终生都与他们保持着亦师亦友的关系。

　　渐渐地，叔同开始素食淡饭。37 岁这年暑假，他学一种日本修炼法，到西湖大慈山虎跑寺试验断食。断食期间，谢绝一切外界交往，每日只是静坐，最多只再做些练字、刻印之类清心寡欲之事。断食的程序是先从早餐一碗饭，中餐一碗蔬菜开始，再至一天之中，除了喝水，什么也不吃。这样过 21 日后，才逐渐由少而多，恢复平时食量。这是一种精神修炼，同时也是一种身体修炼。断食回来后，他觉得无论精神和身体，都有一种解脱感和轻松感，咳嗽也似乎好多了。

　　1918 年 7 月 13 日，叔同在虎跑寺依了悟法师，正式剃度，出家为僧，从此自号弘一。弘一出家后，生活极其简朴。他本有名声，出家后，到各地去时，总有一些地方长官和各界人士拜访他。别人对他的供养也丰饶，但他总是移用作佛教事业经费，自俸极薄。他行游各地时，往往锡杖芒鞋，三衣一钵，有时还自己

160

用一根细扁担挑行李,完全是一个苦行头陀。他又严格遵守"过午不食"戒条,外加有时缺医少药,生活清苦,体质仍旧羸弱。昔日富贵公子形象早已影迹全无。

他一生待人以诚,一丝不苟,最不喜欢浮夸虚饰、言而不信以及所有不正派作风。

他出家后约3年,一次,夏丏尊、丰子恺等人从上海来信,要他去讲经。弘一遂带弟子宽愿去上海,住在立达学园的宿舍中。第二日,弘一知交吴昌硕请他们去作客叙谈。到吴昌硕家后,弘一提出,饭菜上一定要简单,最好是吃碗面条。吴昌硕大师的儿媳妇做了美味素面待客。饭后,弘一和吴昌硕两位艺术巨擘相叙甚欢。临走时,吴昌硕拿出两枚自己篆刻的印章,一枚大的送弘一,一枚小的送宽愿。宽愿那枚,后来被弘一另一名弟子"借"去观赏,不再归还。宽愿告诉弘一,弘一只道那太不应该。

弘一性格中一个鲜明特色就是凡事讲究彻底。既入佛门,他也就马上发现,世俗社会固然一片黑暗,而佛门空旷之中,亦多充斥着混饭撞钟、趋炎附势之辈。难怪社会各界对他入佛门大不以为然,总表示无可理解,因为从表象上,人们早已经习惯把沙门释子列入三教九流、不上台面的江湖人物之列了。弘一越来越坚定地认为,清净佛门,须从比丘个人做起,而更建佛门戒律,实是弘法最为迫切之事。

然而,律学从晋末时初弘,至唐代而大兴,迄今则千有余年,早已无人深究力行。因此而显得枯寂艰硬,白纸一张,几成绝学。于是佛门中人,德行低下者比比皆是。弘一认为,只有严格持戒,才能使自己的人格清白,德行崇高,心明如镜,无挂无碍,如此,才可能攀上精神境界制高点。律学者不能重建,则中国将终无真正的佛法可言。

弘一出家后不久,有一天,杭州名士马一浮来看他,送给他一本明代蕅益法师的《灵峰毗尼事义集要》和一本清初见月律师的《宝华传戒正范》,都是律学书。说以此作为一份供养之心。弘一很高兴,发愿重修律典,深研律学。以后,他又得到其他律籍多部。在探研律学的同时,他身体力行,严格持戒。

为使律学简明易懂,便于初学和实践,弘一写了他的佛学主要著作《四分律比丘戒相表记》。写成之后,由夏丏尊介绍,出身于江南民族工业资本家的穆藕初居士捐资,中华书局印行出版。当时共影印1000部,分赠国内各大丛林，并通过日本友人内山完造，分别寄赠日本东西京两大学，以及大谷、龙谷、大正、东洋、高野山等各大学图书馆，并广赠日本佛学界。除此书外，弘一还写了其他一些佛学著作，为宣扬佛学作出一定贡献。

弘一在俗时，天才的智慧火花几度迸射，在戏剧、音乐、美术诸领域中都有成就。虽然数经浩劫，毕竟给后人留下了弥足珍贵的文化遗产。出家后的 24 年，他摒除一切艺事，唯独没有放弃书法。所写的字多是佛文经号，并盖有精美图章，几乎每幅都是艺术精品。他与叶圣陶、郁达夫等文化界人士都有往来，他们也甚爱弘一书法。

1936 年，弘一弟子刘质平慨叹靡靡俗曲流行于世，特地央请弘一编撰《清凉歌集》，由大师写词，刘质平等作曲，上海开明书店出版。弘一还协助丰子恺编选过一本《中文名歌 50 首》，其中选入弘一的"悲秋""送别""忆儿时"等 20 多首。此书曾作为国内各学校音乐教材使用。1937 年，弘一法师还为厦门市第一届运动大会写了会歌。由此可见，他内心之中对音乐很是不能忘情。

禅宗泰斗：虚云

虚云，俗姓萧，原籍湖南湘乡人。虚云 19 岁时因有出世之求在福州鼓山涌泉寺依妙莲和尚出家，法名古岩。第二年，虚云受具足戒，法名"德清"，后又改法名为虚云。

虚云在 27 岁那年，仅仅带上一件衲衣、一条衲裤、一双芒鞋、一只蒲团和一把方便铲，在福州鼓山一个山洞中苦行坐禅。3 年后，他的衲衣芒鞋都烂了，浑身衣不遮体，但仍感觉定力甚微，于是决定外出参学游访。清同治九年（1870 年）秋，虚云和尚走出岩洞，他在温州朱龙山栖身观音洞禅修时，受一游方僧人启发，决定到天台山参访融镜法。

当时，虚云头束金刚圈，须发盈尺，以一身苦行头陀打扮来到天台山。谁知见到融镜法师后，法师理都不理。他耐心禀告来由，融镜法师问他："你这样打扮行事，有多长时间了？"虚云如实回答。融镜法师沉默良久说："我看你偏离了正确的方向，和邪门歪道差不多，枉费了十年工夫。何况，就是你证到初果，也不过是自了汉罢了。又怎么能像菩萨发心一样，上求下化，自度度人，出世间而不离世间法呢？"

第五章 宋元明清时期的高僧

听了融镜法师的一席话，虚云顿时如醍醐灌顶，从头直透到底。从此，虚云便随侍在融镜法师身边，学习天台宗教观。同治十一年（1872年），虚云依照融镜法师的指示，前往国清寺参学"禅制"，又去方广寺修习"法华"，遍礼天台全山诸寺。学习之余就回到华顶陪伴融镜法师。

清光绪元年（1875年），虚云在高明寺听敏曦法师讲解《法华经》。结束后，虚云与80多岁融镜老法师辞别，打算朝拜普陀山后，再云游各地，参访大德。

光绪十五年（1889年）、光绪二十八年（1902年），虚云两次登上鸡足山（此山是释迦牟尼大弟子迦叶尊者的道场），朝礼迦叶尊者。当时，他看到寺僧子孙和尚世代继承产业，与俗人无异，僧规堕落，道场败坏，十分感慨，并发愿要在鸡足山结庵修行，光大迦叶的宗风。结果遭到子孙和尚拒绝，只好离开鸡足山。

光绪三十年（1904年），大理提督张松林、李福兴又请虚云到大理讲经，并任崇圣寺住持。虚云不愿居住城市，请求在鸡足山得一片地，恢复迦叶道场。在张松林的支持下，虚云驻锡残破的钵盂庵（又名迎祥寺），并发愿扩建寺院，

法华经是佛家最重要经典之一

创立十方丛林。庵门外右方有一巨石横陈，妨碍建筑施工，于是虚云率十余僧人，亲自动手将巨石移至左边，一时观众惊为神奇，人称为"云移石"。

为了募化建筑寺院的资金，虚云独自一人前往腾冲，接着又到南洋、缅甸一带，经中国台湾以及吉隆坡、日本等地，一路募化。回国后进京向清政府请藏，清朝政府封钵盂庵迎祥寺为"护国祝圣寺"，钦赐《龙藏》（皇家收藏的大藏经）全副，钦命虚云为祝圣寺方丈，御赐紫衣钵具、玉印、锡杖、如意，封赐虚云为佛慈宏法大师，奉旨回山传戒。

祝圣寺建成后，开创了鸡足山第一座十方丛林，四方信众云集，昔日衰落的迦叶道场，又出现中兴气象。

1918年，云南省省长唐继尧派人迎请虚云赴昆明弘法，宾川县县长以道途遥远，拟用轿子送虚云前往，并派兵护送。虚云辞谢，仅带徒弟修圆，携一笠、一蒲、一铲、一藤架步行至昆明。虚云到昆明后，在西山华庭寺任住持12年，1930年离开云南。

1953年，虚云应邀赴北京参加中国佛教协会成立大会，被推为名誉会长。

1959年，虚云在江西云居山真如寺圆寂。

知识链接

比丘之意

佛教对比丘的解释一般包含三种意义：（1）乞士，即以谦下自卑，乞求施主获得食物的行为修清雅之德；（2）破恶，即通过持戒禅定等修行，破除烦恼恶见；（3）怖魔。魔在佛教教义中不是指魔鬼，而是指妨害修行人成就佛道的邪妄杂念和种种外界干扰。

三义合称"比丘三义"。另外还有出家人和净持戒两种意义。比丘不是指一切僧人，是出家后受具足戒的男性僧人的称呼，女性受具足戒者称"比丘尼"。

第六章

名僧传奇故事

　　佛教在与中国文化的结合中,产生出不少有趣的传奇故事。它们大多记载于各代高僧传以及笔记小说中,代表着人类思想哲学的精华,跨越时空的局限,同时也具备一些故事性、趣味性,对于我们了解各代的僧人有一定的帮助。

第一节 禅机妙语

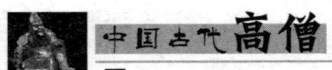

入定

智隍当初曾参见五祖弘忍大师,自认为已真正体验了禅境,常在庵室静坐,已有 20 年。

惠能大师的弟子玄策游方到河北一带,听到智隍的名声,到庵室来拜访,问智隍:"你在这里修习什么?"智隍回答:"修习入定。"玄策又问:"你既然说入定,那么入定时心里有念头还是没有念头?如果入定时心里没有念头,那么一切没有情识的草木瓦石之类也都是入定了。如果入定时心里有念头,那么一切有情有识的人就都能达到入定状态。"智隍说:"当我入定时,不知有念头,也不知无念头。"玄策说:"入定时既不知有念头和无念头,叫作常定。既然是常定,哪里有出入之分?如果有出定入定,就不是真正的定了。"智隍无言以对。

万物固定

唐代神鼎和尚不肯剃发,能吃一斗酱,每次沿门乞讨,讨得粗布破衣也穿,讨得细锦罗绮也穿。他在利真法师门下听讲经时,问利真法师说:"万物是固定的吗?"利真说:"是固定的。"神鼎说,"高僧说是固定的,为什么高岸会变成河谷,深渊会变成山陵呢?有死就有生,有生就有死,万物相互交错连环,六道轮回,为什么说是固定的呢?"利真说:"万物不固定。"神鼎说:"如果不是固定的,为什么不把天叫作地,把地叫作天;不把星星叫作月亮,把月亮叫作星星呢?怎么能说是不固定呢?"利真无法回答。

当时张文成看见了,对他说:"你看上去是菩萨的修行了。"神鼎说:"菩萨是得到了不欢喜,失去了不悲伤,挨打也不发怒,挨骂也不嗔怪,这才是菩萨的修行。我现在讨到东西就高兴,讨不到就悲伤,挨了打就发怒,挨了骂就生气,这样看来,我的行为与菩萨的修行相去很远啊。"

巧对

释道安少年出家,聪敏好学,记忆超群。但因其貌丑,不得其师重用,赶他去田里干活,一干就是三年。

三年中,他勤勤恳恳,无怨无悔,持斋守戒,学业大进。一天,他向师父求借佛经,师父便借给他经书一卷,此经有五千字。道安怀揣经书仍下田干活,只用休息的时间阅览,傍晚归寺,便把经还给师父,又向师父借其他经书。师父说:"昨天的经还没读完,今天还借吗?"

道安回答说:"昨天所借之经,我已背诵烂熟,所以今天再借别的经文诵读。"

师父虽感惊异,但并没相信,又借给他经书一卷,此经差不多有一万字。道安又如昨日,持经入田,傍晚归寺还经于师。师父为了考验他是否真的读过,便看着经文,让道安背诵,他一口气背了下来,竟不差一字!师父大惊,感到这个徒弟不是一般的人。

后来,师父为道安授具足戒,并让他外出游方学习。道安来到邺城(今河南安阳)住中寺,遇佛图澄,遂拜佛图澄为师。众徒见道安其貌不扬,都轻慢他,佛图澄说:"这人有远见卓识,你们都比不上他。"

道安跟佛图澄学习,不仅学业大有长进,其辩论才能也得到充分发挥。当时的人称赞他的口才,送给他一个顺口溜说:"漆道人(言道安面貌粗黑),惊四邻。"

当时,襄阳有个叫习凿齿的名士,雄辩大略,没有人能比得上他。道安避难来到襄阳,习凿齿早就听说道安的大名,还给道安写过信。听道安已来

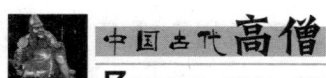

襄阳，便立刻去拜访。见到道安，刚一坐下，就自报家门："四海习凿齿。"道安答曰："弥天释道安。"当时人们都认为是天下名对。

还有一次，习凿齿拜访道安，见道安低头吃饭，便戏题一诗曰：

　　大鹏从南来，

　　众鸟皆戢翼。

　　何忽冻老鸱，

　　腩腩低头食？

道安知习凿齿在捉弄他，便立即口吟两句答曰：

　　猛虎当道食，

　　不觉蚊虻来。

习凿齿嘲道安胸无大志，像老牛一样只知低头吃草。而道安以猛虎自喻，其志固在，岂蚊虻之类的小虫所能理解？

在此之前，还有两个小故事，可作为"巧对"的铺垫。其一是，习凿齿曾给道安十个梨子，当时人很多，道安亲自掰梨与众人，边掰边分，梨掰完了，也分完了，不多不少，人各一份，每份相同，众人惊其眼算之神。其二是道安曾率慧远等众徒弟避战乱南下。路遇大雨，雷电交加，行到一户人家，见门里有两个栓马桩子。二桩之间悬一马兜，马兜可容纳一斛，道安便呼"林百升！"主人惊出，一问果然姓林，名百升。从未相见，便知其姓名，主人大感惊奇，以为是神人，便热情地接待了他们。后来弟子问道安何以知其姓名？道安说："两木为林，马兜能容百升，这不是林百升吗？"

道安聪明机敏如此，所以前面巧对习凿齿便不足为怪了。

一击忘所知

邓州的香严智闲禅师是青州人，厌俗辞亲，观方慕道。初时他在百丈禅师处参禅，虽然聪明伶俐，却不得入门。百丈逝世后，他便跟随沩山灵祐禅师。沩山问他："我听说你在百丈先师处，问一答十，问十答百。这是你的聪明伶俐，意解识想。但生死事大，请问在父母未生时，你是怎样的？"香严被问，茫然不知所答。回到房里，他将平时看过的书一本本翻出来，要找到一

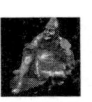

句答案。但翻完所有的书，都找不到适当的话，便感叹说："画饼不能充饥。"以后，他多次请求沩山说破这个秘密，而沩山总是说："我如果告诉你，你以后一定会骂我的。我说的只是我的，跟你没有关系。"香严便将平日所看的书本全部烧掉，还说："我今生不学佛法了，不如去做个到处乞粥讨饭的和尚吧，免得再费心劳神了。"于是挥泪辞别沩山。经过南阳，看到慧忠国师的遗迹，便暂时住了下来。

有一天，他清除地里的杂草，将地里的瓦砾抛向地外，偶然有一片瓦砾击中了地边的竹子，发出清脆的声音。他听到响声，突然大悟，便马上回房沐浴焚香，向着远处礼拜沩山，说："师父的大慈大恩，胜过了我的亲生父母。当时如果为我说破秘密，我哪里有今日的悟境呢？"又作了一首颂寄给沩山。颂说："一击忘所知，更不假修持。动容扬古路，不堕悄然机。处处无踪迹，声色外威仪。诸方达道者，咸言上上机。"沩山闻得这首颂，高兴地对弟子仰山说："这人大彻大悟了！"

知识链接

菩萨戒

菩萨戒，又称"大乘菩萨戒"。这是信奉大乘佛教的僧人都要奉行的戒律。中国汉族地区主要信奉大乘佛教，所以出家人在受比丘戒后还要受菩萨戒。

菩萨戒又称"三聚净戒"，包括三方面的内容，一是摄律仪戒，即律仪规定的五戒、十戒及具足戒等一切戒律都应守持，积善防恶，称"止恶门"；二是摄善法戒，即以修一切善法为戒，如精进修行，供养三宝，常自忏悔等，称"修善门"；三是摄众生戒，又称"饶益众生戒"，即以慈悲心，做有利于一切众生的善事，称"利生门"。在这些戒中又以十重戒，四十八轻戒为主要内容。

第二节
修行济世

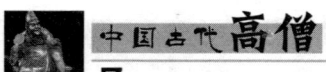

钱塘老僧

浙江钱塘人沈全、施永，全都靠着捕捉青蛙谋生。宋徽宗政和元年，两个人到本县灵芝乡，投靠乡民李安家借宿。那个地方本来青蛙很多，以前没人捕捉，沈、施两个人来了以后，用尽所有的力气和时间捕捉，然后再让他们的儿子带到城里贩卖，所获的利润是平常的十倍。

有一天，施永回到李家，碰到一位老和尚敲门，对他说："我们乡的青蛙受到捕捉，是你们带的头，现在池塘所有的青蛙都没了，如此残害灭绝天生之物，将会招致报应的。从现在起，赶快改一行职业，还来得及赎罪，不然，后果我就不敢保证了。"老和尚再三申述叮嘱了，施永并没有悔改的意思。

和尚走了以后，沈全回来，施永把和尚的话告诉了沈全。沈全说："野和尚怎么能干预我们的生意呢？假使我见了他，一定痛打他一顿，你却放他走了吗？"施永说还可以追赶上，于是两人就一起去追赶和尚。

追了一里多，没赶上，沈全便责怪施永胡说八道欺骗自己，嘴里还不干不净地谩骂。施永不能忍受，与沈全发生口角，两人揪打起来。沈全更怒了，就拿平常使用的剥青蛙皮的刀，刺向施永，刺中了施永的胸部，施永当场死亡，乡里的保正抓住他，把他送交到县里。山东东平的巩庭筠当时是县令，审讯这个案子。各种证据已经为人所信服，要找老僧，老僧已经无影无踪了。沈全最终因为犯了杀人罪，被斩首于市曹。

第六章　名僧传奇故事

清净的佛寺

献花寺僧

武昌小南门外的献花寺，有一个名叫自究的僧人。他得了噎食症，什么药都治不好。临死前，他对徒弟说："我深受此病的折磨，胸中一定有什么东西在作怪。我死之后，把尸体剖开，除去这东西再入殓，那我在地下也会感激的。"

自究圆寂后，他的徒弟按他的话去做，剖开尸体后果然发现一根像簪一样的骨头，于是把它放在经案上，传看了很长时间，过了一年，正巧有一个带兵将领住在寺里。

一次他的侍从杀鹅，没有割断它的喉管。偶然看见这块骨头，就拿来用它把鹅喉刺断。这时，鹅的血喷发出来，溅到这块骨头上，这骨头就变小了。后来自究的徒弟也得了噎食症，便悟到鹅血可以治这种病。于是他喝了几次鹅血之后病就好了。以后他把这个偏方到处传授给人，没有不灵验的。

赶虎

传说唐太宗李世民曾经驻跸东北千山的大安寺。那时千山丛林茂密，虎豹成群。这几天正赶上闹虎，好几个采药人都被虎咬伤。

一天晚上，为大安寺守夜的一个兵卒被老虎叼去。李世民大怒，传旨令将士们一天中把千山老虎赶走或杀光。将士们遵旨行事，携刀插箭，正准备搜山杀虎。突然从庙内出来一个膀大腰圆、袒胸露腹的胖和尚。见了众将士，双手合十，高诵一声"阿弥陀佛"，然后说："小猫吃人，实乃罪过！听说是皇上下旨要杀光它们？善哉！善哉！我出家人以慈悲为本，请各位将军莫开杀戒，让我把它们赶走就是了！"

众将士听胖和尚言语，将信将疑，齐声喝道："军中无戏言，你若胡说，是要杀头的！"

和尚双手合十一笑，念了声"阿弥陀佛"，转身走了。

当夜，千山狂风大作，飞沙走石，不时从远处传来虎啸之声。第二天一早，有人看见胖和尚赶着二十多只大虎小虎，慢慢地从岭前往北而去。

将士立即将此事报告李世民，李世民召见寺里方丈，访问胖和尚的来历。方丈说："那和尚从五台山来此挂单，莫知其名。只知他武艺高强，千把斤东西夹在胳肢窝，飞步上山，气不喘，心不跳。五冬六夏，不穿鞋，敞胸露肚，笑呵呵，不知冷热，大家只叫他'傻和尚'。"

那和尚赶虎离山，再也没回来。后来有人说，在长白山的老林里，有个胖和尚抱着老虎睡觉，不知是不是千山那个赶虎的和尚。

破扇济贫

宋时，杭州城内有个扇子巷，很是有名。名从何来？原来，济公一把破扇济贫的故事就发生在这里。

这个扇子巷原来是条无名小巷，巷子里住的全是贫民百姓。其中有一对老夫妇，都已年过花甲，以制扇、补扇、卖扇为生。年轻时，手艺精，肯出力，制出的扇子可以挑到集上去卖，日子还算混得过去。现在年老体弱，日子一天不如一天，吃了上顿没下顿，老两口忍饥挨饿，眼见就要混不下去了。

一天，日过晌午，老两口没有下锅的米，灶上冷冷清清。老太婆在屋里炕上迷迷糊糊睡着了，老头子依着门框，坐在门坎上打盹。

这时，一个疯疯癫癫的和尚走到门前，向屋里望了望，叹了口气；再看看坐在门坎上的老头儿，眼里充满了同情。和尚一抬手，看见自己手里的扇子，忽然眼睛一亮，心里便有了主意。他用扇子拨了拨老头肩膀。老人一惊，睁眼看见一个疯和尚站在面前，便问："师父有什么事？"

"我要修扇子哩！"说着，把手里的扇子向老头一扬。

"好，好，请进屋！"老头见有了生意，心里高兴，连忙向屋里让人。

济公抬脚进屋，把扇子往案子上一扔："快修啊，等一会儿我就来取！"说完，掉头而去。

老头拿起扇子一看，心里犯了嘀咕："这扇子破成这个样子，骨不成骨，架不成架，怎么修补。"正要向那和尚说明，可和尚已走远了。修扇子老人叹了口气，自言自语地说："认倒霉吧，我这里有的是新扇子，待会儿给他一把新的算了。"

过了一个时辰，疯和尚回来了。一进门便问："扇子修好了吗？"

"修好了。"老人递过一把新扇子。

"哈哈，手艺不错，补得像把新扇子！"疯和尚满意地说。

老人心里苦笑着："本来就是一把新扇子么！"

疯和尚把一锭银子放到案子上，转身跨出了门坎。回头用扇子向门框上煽了煽，嘴里还念念有词地扬长而去。

老人追出门去，嘴里不停地说："谢谢师父！"回头一看门上，不知什么时候新贴上了一副对联：

手艺精心善福积

扇子美手勤财到

横批：苦尽甜来

扇子老人的奇遇，一传十，十传百，人们争先恐后来老人家门前看对联，买扇子的人络绎不绝。从此，老两口的日子好过了！无名巷从此就叫"扇子巷"。大家都说，这个疯和尚就是济公活佛，特来为老两口扶贫解困的。

断臂建桥

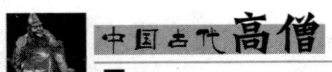

清朝康熙年间（1662—1722年），有个和尚名叫澄如，是嘉定县人。他一贯苦行修道，每日粗茶淡饭，斋戒虔诚。他经常刺血写经，曾因失血过多而休克，过了一百多天才苏醒过来，所以才改法名为"再生"。

在昆山县（今江苏昆山县）内有条河，河的东岸住着一个叫王良国的老人，家里很富，但儿子重病，久治不愈。这一天，他进城办事，下午匆匆返回。等赶到河边，错过渡船，只得在码头露宿一夜。待天亮回家，儿子已死了多时。老人非常痛苦，只恨没有在儿子临死前见上一面。于是，他发誓要在河上造一座桥，以便利来往行人。

建一座石桥，要花费上万资金，老人家里虽然富有，但也拿不出这么多钱来。老人决心拼命筹集这笔资金。于是，他老年出家，当了和尚，身披袈裟，开始化缘募捐。

老人去祈见德高望重的高僧石奇，征求他的意见。石奇和尚见老人年迈体衰，恐他难以胜任此项工程，主张另换年轻一点的和尚担当此任，并说："若要建成此桥，一定要再生来才行。"

老人虽感力不从心，但回去后，仍然积极筹办建桥之事，可惜，还没准备好，老人便撒手人寰了。

当时，再生和尚住在瑞兴县，偶然来到昆山，有个居士对再生和尚说："听说石奇和尚的谶语是'再生来'，现在您的法号恰好是'再生'，难道这座石桥非要等到您来方能建成么？"再生和尚听说后，便发誓要把石桥建成。

在再生和尚的努力下，石桥已建成一半。可到了康熙十四年（1675年），江浙一带洪水泛滥，化缘募捐十分困难，再加上一些谣言传布，使建桥的工程中断了。

原来，那些渡船的船公，怕桥建成砸了他们的饭碗，所以便散布流言蜚语，企图阻挡建桥。再生和尚了解了这些情况之后，便来到县衙门口，果断地用刀断下自己的左臂，以此唤起县官的支持。只见他断臂流血如注，不一会儿便昏倒在地。百姓见状，急忙请来名医，用最好的止血药敷住伤口。止

第六章 名僧传奇故事

住了血,再生和尚又奇迹般地第二次从死亡线上活了下来。

有个叫徐果亭的人知道了这件事,便替再生和尚向抚军及县令等人募捐。在众人的赞助下,石桥终于建成了。

断臂造桥,感人至深。再生和尚用自己的行动,证明了生命的价值。

知识链接

道场

道场,又称"菩提道场"。原指佛成道的地方,即今印度的菩提伽耶,后来则泛指一切佛僧修道的地方,不问其有无殿宇堂舍。

佛教传入中国后,道场则变成佛寺的别称。隋炀帝时曾敕令天下寺院一律改称道场,把建立在皇宫内的佛龛及其他佛事活动的场所称"内道场"。

第三节 奇闻轶事

舍利之光

隋文帝仁寿元年(601年),皇帝下令,命彦琮和尚护送佛舍利去并州(今山西太原一带)。当时,汉王杨谅在所辖域中建造一座寺庙,并修了宝塔,

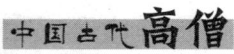

该庙即后来的开义寺。彦琮刚到并州时,连日阴天,云雾弥漫。待到安放舍利那天中午,忽然云开雾散,天气晴朗。于是将舍利葬于塔内。仪式刚刚结束,天空便出现了彩云护日、五彩缤纷的壮丽景观。

仁寿四年(604年),彦琮去复州(今陕西横山县西)方乐寺,即后来的龙盖寺。当时,寺已被后周灭佛时破坏,只剩下旧基了。但是台基甚为广阔,便于修建灵塔。彦琮叫人铲草平地。忽然,彦琮感到僧帽内有异物在滚动,用手一摸,摸到了一粒舍利,有米粒那么大,五光十色,鲜艳无比。为了试

铜鎏金舍利塔

验其是否是真，彦琮用斧头去砸，舍利没碎，而斧头却被磕出一个坑。

彦琮命人继续下挖，挖到七尺深时，发现砖块下的铜盒、银盒、香灰等。盒中还盛有清水，盒子底部还留有放过舍利的痕迹，可就是找不到舍利。这时彦琮才明白，头顶上的那颗舍利，原来就是银盒子里装的那颗。

彦琮根据以往的常识，感到铜盒之外，一定会有一个石匣子，可怎么也找不到。无法，只得另找石料再做一个石匣子。他们在竞陵县内找到了一块石头，经过一番打磨，此石竟变成了一块玉，发出五色祥光，且通体透明，体内能映出各种图像。做成石匣子拿到灵塔前，突然飞来一只天鹅，很温顺，总随石匣而走，一刻也不离开。当把舍利放进石匣葬于塔中之后，这只天鹅还不离开，每天总是围着塔转个不停。塔前水池中的鱼鳖也受到感应，全把头伸出水外，朝西望着舍利塔，直到彦琮给它们念了经文，演讲了佛法，天鹅才停止了转动，鱼鳖也沉入了水中。

塔旁还有一口井，井水也受了佛舍利的感应，本来早就干了多年，但在半个月中井水却喷涌而出，直到念了经之后才停止喷涌。

最奇特的是塔顶上罩着一朵五彩祥云，向下射出万道霞光，一直到舍利安放完多日，才慢慢散去。

神奇的记忆

唐玄宗曾召见一行和尚，问他："你有什么特点？"一行和尚答道："擅长背诵。"唐玄宗就命令宫内衙门把宫女的户口簿子拿来，叫一行和尚翻阅。一行从头看过一遍，合上户口簿子，把宫女的名字都背了下来。一行一口气往下背，待背诵几页之后，唐玄宗让他停下来，心想，这真是一个特殊人才，他的记忆力太神奇了。唐玄宗从座位上走下来，朝一行施了一礼，称一行为"圣人"。

最初，一行出家时，拜普寂和尚为师。普寂一次主持法会，摆下斋饭请庙内外的众僧吃斋。周围数百里之内的和尚闻讯按期前来赴会，总共有1000多人。

当时，有个叫卢鸿的人，隐居于嵩山。他学问高深，普寂请他写篇文章，称赞、纪念这次盛会。法会开始那天，卢鸿带着文章来到庙里。普寂将文章接过来，摆放在桌案上。

钟声响了，卢鸿对普寂和尚说："我的文章有数千言，而且难词难字不少。何不在和尚中间挑选一个聪明的、识字的，我亲自教他朗诵这篇文章。"

普寂叫人把一行喊来。一行来到，微笑着把文章翻阅一遍，又把文章放到桌子上。卢鸿看不惯他这种漫不经心、不负责任的样子，心中很不高兴。

不一会儿，众僧齐集大殿之上。一行甩着袖子，一副毫不在意的样子走了进来。普寂正想让卢鸿教他朗诵那篇文章，还没等普寂开口，一行便高声背诵起那篇文章来。他一气呵成，一个字也没遗漏，卢鸿惊愕许久，才对普寂说："这是一个神人，他目前的状况，不是你所能教导得了的，应该让他外出游学，以充分发挥他的才华。"

普寂听了卢鸿的建议，让一行打点行装，外出游学去了。

鸟兽不可与同群

荆州寺中有一个僧人，在参禅礼诵方面颇为精熟。

有一天，有个猎人捕获了一只小老虎，回家途中在寺院门口休息，僧人劝猎人不要杀这只小老虎，猎人们就把小老虎施舍给佛寺了。

僧人给小老虎吃食喝水，小老虎也很驯服，每天跟着僧人一道生活。每逢寺院做功课、念诵经文，小老虎也在众僧人之后作恭敬状，功课完毕，才退回原处。

老虎一天天长大了，有客人来到寺院禅房内，看到老虎伏在僧人座位前面，开始很害怕，后来看到老虎并没有恶意，也就不太害怕了。就是跟它玩耍，虎也不发怒。

有一天，有个客人来拜访僧人，进入禅房，他和僧人都用脚踢老虎让它离开，僧人说："不要吓着我的贵客！"老虎作了伸腰的样子，瞪大眼睛，看了很久，才走出去。一会儿老虎又进来伏在僧人的脚边，而且喘着粗气。客人更害怕，僧人用手推打老虎，老虎又瞪大眼睛，盯了很久，好像在想些什么。僧人用脚踢它，它才离开。不一会儿，老虎怒容满面地直走进来，上前一口咬下僧人的脑袋就走，僧人的身子仍然坐着没有倒下。寺庙中人见老虎口中有血，跑出寺门，觉得出事了，于是一起追赶，老虎跑进深山去了，最终没有捉到它。

古井运木

济公古井运木的故事，在杭州一带已是家喻户晓的了。大家只记住了济公，又是谁帮他完成这件奇事的？换句话说，古井运木的主人翁是谁？恐怕很多人并不知道。

自从净慈寺大雄宝殿被火烧掉以后，一直未能修复。济公发愿，非把大殿重新修好不可。经过几年的化缘，修殿的材料已经差不多了。只有一件事

圣僧雕像

使济公大费脑筋，这就是修庙所需的木料。房檩、椽子、门窗等小型木料好置办，最难的是那又粗又长的大梁和殿檐下的顶梁大柱，一则难寻，二则难运。济公寻遍高山大林，不是没有这般高大的树木，就是人家不愿捐献，弄得济公愁眉不展。

一天，济公正在心事重重地低头走路，一头撞在了刚从施主家设斋归庙的龙岩祖师。龙岩见济公愁眉苦脸的样子，便好奇地问："你本是个乐天派，无心和尚，今天为何如此愁苦？"济公撞在人家身上，正打算赔礼，见是龙岩，又听见他的问话，便一五一十地向龙岩祖师倾吐了自己的苦衷。龙岩祖师一听，笑着说："你这个呆和尚，有难事不来找我，难怪你愁心难解！"济公一听祖师这般说话，心知他一定有办法为之解难，便抱拳敬揖，向祖师求援。

龙岩祖师说："我营造多年，在龙山上种植的树木已成林，做梁做柱的材料有的是。本打算建造一座寺庙，现在你急用，就归你调遣吧！"济公一听，甚是高兴。可他又眉头一皱，低头不语了。龙岩祖师见状问道："你个怪和尚，解决了你的难题，不说谢谢我，反而又一脸苦相，是何道理？"

"祖师休怪，你借我木料，我心存感激。可龙岩山与净慈寺相隔如此遥远，这木料怎么运法？"济公为难地回答。

"哈哈，我早就料到了你会想到这个问题。这也不难。你只要在净慈寺大殿前掘一口井，我在龙塘山顶上也凿一口井，我把木头从山顶上的井里顺下，你在殿前的井中捞取就是了。"

"祖师帮贫僧解决如此大难题，我真的要谢谢您了！"济公脸上的愁云立即飘散了。

"且慢！你要记住，我顺一棵，你应一声，够了就喊声'够'，千万别忘了！"龙岩祖师嘱咐道。

过了半个月，龙岩祖师估计济公这边的井掘成了，他便用脚在龙塘山顶上一踏，立刻踏出一眼无底深井。又用法力将大树砍倒，并修理得顺溜光滑，一棵棵从井口顺了下去。每顺一棵，祖师便吆喝一声："去！"净慈寺大殿前挖好的井里，接连不断地冒出木头来。济公每捞一棵便喊一声："接！"一连运了三天三夜，看看修大殿的梁柱已够，济公便对着井口连喊："够了！够

了！"祖师那边刚顺下来半截木头，只听这边连喊"够了"，结果那顺下去的半棵木头便插在龙岩山上的古井中，直到多少年后还有人看见那半截木头在井里插着。

变虎

很久很久以前，在袁州的山林之间，有一所乡村寺院。寺里住个和尚，不知其姓名。因为他有一段人变虎的故事，所以人们便叫他"虎和尚"。

原来，这个和尚偶然间得了一张虎皮。他开玩笑似地将虎皮披在身上，摇头摆尾，竟然像真的老虎一样。

有一天，他身披虎皮到大路边去戏弄路人。乡里人都以为真的老虎来了，纷纷落荒而逃，结果把随身带的东西丢在了道上。和尚得到了这些东西，便沾沾自喜起来。于是，他便经常潜伏在交通要道，等有挑担做生意的人过来，他便突然从草丛中跳出来，昂头摇尾，人们吓得扔下东西四处逃窜。就这样，这个和尚每次出去时都有收获。他见没人察觉，自以为得计，便经常这样做。

有一天，他披上虎皮之后，就像穿自己衣服那样合身。等他在草丛中潜伏了一段时间，感到有点闷热，想脱掉虎皮透透气时，却怎么也脱不下来了。这时，他看看自己的手脚，全都长出了毛，变成了虎爪子；摸摸牙齿，也变成了虎牙。他急忙跑到附近的一处水潭边，在水面上照了照，看见自己的眉毛、脑袋、耳朵、口鼻等，竟然全变成了老虎的样子，不再是原来的他了！甚至连心性都变了。他非常喜欢在草丛中奔跑，捕杀野兔、狐狸等小动物充饥。从此，他的一举一动，从饮食到性情，全都与老虎一样了。他变成了一只真正的老虎。

此后，他便经常与野兽在一起嬉戏、玩耍。又被鬼神所驱使，夜晚在山中奔跑，即使是炎热三伏或严冬三九，他都不能休息。为此，他自觉痛苦不堪，却又无可奈何。

这个和尚虽然人形变为老虎，但他的心智、思维却还是人的，只不过不能说话而已。

一年多时间过去了。有一天，他饿极了，找不到任何东西吃。于是，他又潜伏在大路边。不一会儿，有一个人从他面前经过，他便跳出来把那个人咬死了。那人死了以后，虎和尚想把他分割开慢慢吃掉。等他仔细一看，被咬死的原来是个和尚！他在心里说："我杀死了和尚，这是佛门大罪呀！地狱的门正等着我呢。现在就是饿死，我也不能再吃这个和尚了。"于是，他把这个和尚拖到路边，用虎爪挖了一个坑，把和尚埋了。

虎和尚思前想后，越想越怕，便仰天大哭起来，他哭得好伤心啊！忽然，身上的虎皮脱落下来，就像脱衣服似的。他再看看自己的身体，成了一个赤身裸体的和尚。他急忙奔回原来的寺院，寺院因久无人住而荒废了。他只好找些稻草权且遮蔽身体。后来，他到百姓家中，讨了几件破旧衣裤穿上，投奔临近的寺庙去了。

又过了一年，虎和尚游方到临川（今江西省南昌市）崇寿寺挂单。崇寿寺大和尚圆超讲经，虎和尚侍立旁边，听得十分认真，毫不懈怠。大和尚看他恭敬殷勤，就询问他是哪里人，如何来到这里。虎和尚回答说："我内心很悔恨，希望大师能帮助我，但我又不想让别的和尚知道。"大和尚让别的侍者退下，只有他们二人谈话。

虎和尚原原本本把他变虎的经过向大和尚讲了一遍。说完便向大和尚叩头行礼，请求忏悔罪孽。

圆超告诉他："人的生死祸福，都是由刹那间的意念所决定的。就是有天堂地狱之分，也不限于生前死后。你怀恶念时，就变成了老虎；你心怀善念时，就由虎变人，这不就是很好的证明吗？若是有志于脱离罪恶，追求至高无上的觉悟境界，就会回复灵性的根本。如果连这个意念都没有，那就无所谓人变虎、虎变人，人虎有什么区别呢？现在闽中善慧之人很多，你不是不想让人知道你的往事吗，你可以去那里好好修行！"

虎和尚听了大和尚的话，便去了岭南，此后再也没有听到他的消息。

知识链接

念珠

念珠，亦称"佛珠""数珠"，音译"钵塞莫"。它是念佛号或经咒时用以计数的工具，一般是圆形穿孔，用线扎成一串。

一串数珠中常加入一颗大型"金珠"，作为"母珠"；再加十颗"银珠"，是为"记子"。"母珠"表无量寿佛（即阿弥陀佛）之存在，记子表"十波罗密"。这是净土宗用以记念佛遍数之数珠。密宗则诵真言，以7遍或21遍为常规。密宗的数珠，就在每7颗或21颗后插入不同种的或同种而略小的4颗，称为"四天珠"，也是当记子用。

一般庙里卖的数珠，常依净土宗规制而略减。通常数珠为黑色或褐色，中加一颗黄色或红色大珠作"金珠"，再加几个（常不到10个，三五个充充数）浅黄色或白色小珠充"银珠"。

图片授权

全景网

壹图网

中华图片库

林静文化摄影部

敬　启

本书图片的编选，参阅了一些网站和公共图库。由于联系上的困难，我们与部分入选图片的作者未能取得联系，谨致深深的歉意。敬请图片原作者见到本书后，及时与我们联系，以便我们按国家有关规定支付稿酬并赠送样书。

联系邮箱：932389463@qq.com

参考书目

1. 王开林．高僧．上海：复旦大学出版社．2012
2. 李利安．中国高僧正传．西安：三秦出版社．2012
3. 一退．品中国高僧．北京：作家出版社．2012
4. 赵超．新编续补历代高僧传．北京：社会科学文献出版社．2011
5. 陈笑呐，陈英呐．高僧传奇．天津：天津古籍出版社．2008
6. 神秘中国创作组．走近神秘高僧．吉林：吉林文史出版社．2008
7. 中国名寺高僧编委会．中国名寺高僧．北京：中国旅游出版社．2007
8. 蔡践．传说中国高僧．北京：金城出版社．2007
9. 丛培香．十八高僧传．北京：人民文学出版社．2006
10. 熊琬．高僧传快读：袈裟里的故事．北京：三环出版社．2004
11. 屈直敏．敦煌高僧．北京：民族出版社．2004
12. 宁世群．藏传佛教僧侣生活．西宁：青海人民出版社．1998
13. （梁）释慧皎，卢海山，申山．中华高僧．郑州：中州古籍出版社．1998

中国传统风俗文化丛书

一、古代人物系列（9本）
1. 中国古代乞丐
2. 中国古代道士
3. 中国古代名帝
4. 中国古代名将
5. 中国古代名相
6. 中国古代文人
7. 中国古代高僧
8. 中国古代太监
9. 中国古代侠士

二、古代民俗系列（8本）
1. 中国古代民俗
2. 中国古代玩具
3. 中国古代服饰
4. 中国古代丧葬
5. 中国古代节日
6. 中国古代面具
7. 中国古代祭祀
8. 中国古代剪纸

三、古代收藏系列（16本）
1. 中国古代金银器
2. 中国古代漆器
3. 中国古代藏书
4. 中国古代石雕
5. 中国古代雕刻
6. 中国古代书法
7. 中国古代木雕
8. 中国古代玉器
9. 中国古代青铜器
10. 中国古代瓷器
11. 中国古代钱币
12. 中国古代酒具
13. 中国古代家具
14. 中国古代陶器
15. 中国古代年画
16. 中国古代砖雕

四、古代建筑系列（12本）
1. 中国古代建筑
2. 中国古代城墙
3. 中国古代陵墓
4. 中国古代砖瓦
5. 中国古代桥梁
6. 中国古塔
7. 中国古镇
8. 中国古代楼阁
9. 中国古都
10. 中国古代长城
11. 中国古代宫殿
12. 中国古代寺庙

五、古代科学技术系列（14本）
1. 中国古代科技
2. 中国古代农业
3. 中国古代水利
4. 中国古代医学
5. 中国古代版画
6. 中国古代养殖
7. 中国古代船舶
8. 中国古代兵器
9. 中国古代纺织与印染
10. 中国古代农具
11. 中国古代园艺
12. 中国古代天文历法
13. 中国古代印刷
14. 中国古代地理

六、古代政治经济制度系列（13本）
1. 中国古代经济
2. 中国古代科举
3. 中国古代邮驿
4. 中国古代赋税
5. 中国古代关隘
6. 中国古代交通
7. 中国古代商号
8. 中国古代官制
9. 中国古代航海
10. 中国古代贸易
11. 中国古代军队
12. 中国古代法律
13. 中国古代战争

七、古代文化系列（17本）
1. 中国古代婚姻
2. 中国古代武术
3. 中国古代城市
4. 中国古代教育
5. 中国古代家训
6. 中国古代书院
7. 中国古代典籍
8. 中国古代石窟
9. 中国古代战场
10. 中国古代礼仪
11. 中国古村落
12. 中国古代体育
13. 中国古代姓氏
14. 中国古代文房四宝
15. 中国古代饮食
16. 中国古代娱乐
17. 中国古代兵书

八、古代艺术系列（11本）
1. 中国古代艺术
2. 中国古代戏曲
3. 中国古代绘画
4. 中国古代音乐
5. 中国古代文学
6. 中国古代乐器
7. 中国古代刺绣
8. 中国古代碑刻
9. 中国古代舞蹈
10. 中国古代篆刻
11. 中国古代杂技